AF330258

L 27
n
20212

AUTOGRAPHE

DE

L. VERGER

RECTIFIANT QUELQUES ASSERTIONS ET JUSTIFIANT LE CLERGÉ.

Quomodo cecidisti, qui mane oriebaris!

PARIS,

CHEZ LES PRINCIPAUX LIBRAIRES.

—

16 JANVIER 1857.

CONVERSATION SUR L. VERGER

ENTRE UN PRÊTRE ET UN HOMME DU MONDE

Le 10 janvier 1857.

Le 7 janvier, le *Droit* publiait cette notice :

« L. Verger naquit, le 20 août 1826, à Neuilly-sur-Seine. Il est fils d'un tailleur.... De bonne heure il se fit remarquer par ses dispositions naturelles pour l'étude et par sa grande piété. A l'époque de sa première communion, sa ferveur attira particulièrement l'attention de la marquise de Rochefort, en religion sœur Mélanie, supérieure des filles de Saint-Vincent-de-Paul à Neuilly.

« La sœur Mélanie se fit présenter cet enfant et, persuadée qu'il offrait tous les signes d'une vocation véritable, voulut pourvoir aux frais de son éducation religieuse. Elle le fit entrer au petit séminaire dirigé par l'abbé Dupanloup, aujourd'hui évêque d'Orléans.

« En 1842, Verger, alors âgé de seize ans, fut placé dans la succursale du séminaire à Gentilly. C'est là que fut commis le vol dont il a été question dans notre numéro d'hier ; il était d'une importance de 60 fr. Verger, qui avait eu le premier prix de sagesse et le premier prix d'instruction religieuse, prétend qu'il était innocent de cette soustraction, et que c'est pour un autre motif qu'il dut quitter le séminaire. Selon sa version, la marquise de Rochefort lui avait donné 60 fr. pour acheter des livres d'étude et de dévotion. Parmi les ouvrages qu'il se procura, se trouvaient un *Racine* et un *Molière*. Ces livres furent trouvés en sa possession, et on lui notifia l'ordre de sortir de l'établissement.

« Cependant Verger parvint en quelque sorte à se réhabiliter et entra en qualité de secrétaire chez un prêtre qui le protégea, lui fit recevoir les ordres mineurs, le diaconat et, enfin, la prêtrise, etc., etc. »

Je connaissais et vénérais depuis longues années le prêtre charitable que cette dernière phrase désigne en le laissant officieusement dans l'ombre.

Pensant à l'affliction qu'il devait ressentir, je lui fis une visite le 10 de ce mois, à la suite des obsèques de monseigneur.

— Quel misérable! m'écriai-je.

— Ah! ne m'en parlez pas!

— Vous êtes trop bons, messieurs les ecclésiastiques. Vous faites le bien à tort et à travers. Au moins devriez-vous être plus circonspects pour les aspirants au sacerdoce. Voyez donc un peu quels sujets vous admettez! Ainsi, voilà un individu auquel vous décernez le premier prix de religion, le premier prix de sagesse, et il vous vole 60 fr.! Voilà vos lauréats, vos élus! Que voulez-vous qu'on pense des autres? Voyez donc quelles découvertes, quelles tristes révélations, toutes les fois qu'une circonstance un peu extraordinaire permet à un œil laïque de plonger dans l'intérieur de vos maisons, toutes les fois qu'un rayon de lumière pénètre brusquement dans l'enceinte prudemment interdite aux profanes! Vous vous fâchez quand on joue *Tartufe*. Mais, en vérité, vous devriez bien venir ces jours-là au théâtre et ouvrir enfin les yeux. Le monde n'est pas irréligieux comme vous pensez: mais il n'aime pas l'hypocrisie. Il faudrait le comprendre, reconnaître qu'il n'a pas toujours tort. Mais vous ne voudrez jamais l'en croire; vous n'abjurerez jamais vos vieilles préventions; vous serez toujours les mêmes, à la merci du premier Tartufe qui voudra vous duper avec des momeries et des apparences de dévotion. A celui-là, vos préférences, vos palmes, vos couronnes.

— Voilà une sortie bien agressive.

— Je vous répète ce qu'on dit partout dans le monde en ce moment. Si vous entendiez, monsieur l'abbé! croyez-nous donc une bonne fois. On ne vous en veut pas; on sait tout le bien que fait le clergé: mais, pour Dieu, changez de système.

— Le monde dit que nous ne le connaissons point, et nous disons qu'il ne nous connaît pas. Il nous affuble à sa guise d'un costume ridicule; et puis il nous prend en pitié et nous

supplie, d'un ton d'intérêt et de protection, de n'être point
tels qu'il nous suppose.

— Je savais bien que vous n'entendriez à rien. Mon Dieu,
que c'est donc malheureux ! Vos bons évêques viennent nous
dire qu'il y eut un Judas parmi les douze apôtres et à l'école
même de Jésus-Christ. Mais Judas n'était pas un traître et un
misérable quand Jésus-Christ se l'attacha. On voit dans
l'Évangile qu'il se perdit par une cupidité coupable, dans
l'exercice des fonctions que lui confia son divin Maître.
Voilà un mauvais prêtre, un autre Judas: si vous pouvez me
prouver qu'il s'est perdu dans sa paroisse, dans l'exercice
de son ministère, je n'ai rien à dire; l'assimilation est
exacte. Nous savons bien tous qu'un ecclésiastique est un
homme, une créature fragile et peccable, ayant même à
soutenir des combats plus difficiles que les simples fidèles.
Dieu a voulu pour dispensateurs de ses mystères des ministres environnés eux-mêmes d'infirmité, afin qu'ils fussent
miséricordieux et compatissants. La conséquence nécessaire
de cette situation, toute favorable aux fidèles, c'est qu'il y ait
quelquefois des scandales.

— Oui, et nos bons évêques ajoutent que « le Fils de Dieu
a permis que le plus épouvantable de ces scandales se soit
trouvé près de lui, près de sa personne sacrée, dans le collége apostolique, afin que dans toute la suite de son Église,
il n'y eût pas de scandale capable de renverser notre foi. »
Dans le paradis, l'homme est tombé; dans le ciel même
l'ange a failli. A qui s'en prendre, sinon à Dieu, qui a basé
le monde moral sur la liberté? Il n'avait, n'est-ce pas, qu'à
nous créer impeccables.

— Laissez-moi achever. Je ne trouve pas étonnant, et les
gens de bon sens ne se scandalisent pas de voir *dévier* un
ministre de Dieu, qui est homme et faillible, voilà qui est
entendu ; et les supérieurs qui l'ont ordonné ne sont pas so-
lidaires, assurément, de sa conduite ultérieure, ni responsa-
bles de ses écarts, *s'il était probe, vertueux, suffisamment
éprouvé, quand il est sorti de leurs mains.* Mais ce dont ils
doivent compte à Dieu et même à la société, c'est l'excessive
indulgence avec laquelle ils envoient à l'autel, au confession-
nal, au lit des malades, des sujets vicieux que le monde
accepte d'abord sur leur parole, avec une confiance illimi-

tée, pour tomber bientôt après dans une défiance non moins extrême, quand il reconnaît avec quelle légèreté on procède. J'aime mieux, monsieur l'abbé, vous dire cela tout haut, que de le penser tout bas comme bien d'autres.

— J'accepte de grand cœur vos doctrines, mais non pas vos critiques.

— Le clergé n'a donc aucune légèreté à se reprocher dans l'affaire de L. Verger?

— Aucune, que je sache.

— Je ne m'attendais pas à entendre ce mot de votre bouche, et votre assurance me passe. Comment! vous n'êtes pas personnellement sous l'influence de quelque regret?.... Faut-il donc descendre à des particularités qui devraient vous être assez présentes?

— Particularisez sans crainte.

— Mon Dieu, je ne voudrais pas vous blesser, cher monsieur l'abbé : je rends toute justice à vos saintes intentions. Mais permettez-moi de m'étonner que vous-même ayez accueilli auprès de vous cet être dégradé. Je vous entends, vous allez me parler de bonté, de charité; vous me direz que vous ne pouviez prévoir l'avenir : croyez bien que moi-même je ne serais pas à court pour vous défendre. Mais ici nous sommes seuls. Comment receviez-vous un voleur, et un voleur hypocrite, qui avait joué la piété, trompé son monde, déshonoré une maison sainte, et cela à seize ou dix-sept ans, quand l'excuse du premier âge n'est plus admissible...? Singulière charité, en vérité! Pour vous-même, monsieur l'abbé, comment le mettiez-vous dans une place de confiance, en en faisant votre secrétaire? Il ne pouvait que détourner vos fonds et abuser de vous en toute manière. Vous n'aviez donc pas pris de renseignements? Il faut le croire. Mais comment ne pas prendre de renseignements? Voilà ce que je blâme. Il me semble que les directeurs du petit séminaire venaient vous voir quelquefois, comment ne vous ont-ils pas tiré de votre sécurité?

— J'étais intimement lié, en effet, avec les principaux d'entre eux, et les renseignements seraient venus me chercher, quand je ne les aurais pas cherchés moi-même; voilà pourquoi votre éloquence porte complétement à faux.

— Non pas! car alors vous êtes d'autant plus inexcusable,

si vous étiez instruit de tout. Libre encore à vous, si vous le voulez, de risquer vos intérêts personnels, en confiant vos affaires à un homme aussi suspect. Mais comment l'avez-vous réhabilité, comment lui avez-vous fait recevoir, comme dit le journal, d'abord les ordres mineurs, puis le diaconat et la prêtrise? Avez-vous du moins prévenu l'évêque?

— Nos vénérables évêques concèdent quelquefois à des supérieurs d'établissements privés le privilége de présenter aux ordres un sujet dont ceux-ci leur répondent. Mais je n'ai point assumé cette grave responsabilité pour L. Verger. Je ne lui ai *fait recevoir* ni les *ordres mineurs*, ni le *diaconat*, ni la *prêtrise*. Il est sorti de chez moi, comme il fût sorti d'un collége, pour entrer au séminaire où il a fait dûment ses quatre ans et reçu les ordres quand ses supérieurs l'en ont jugé digne. Je n'ai été ni consulté, ni prévenu à cet égard. Les directeurs de nos grands séminaires examinent, éprouvent, rejettent, admettent, dans la plénitude de leur indépendance. Toute influence, même amie, serait mal venue, en pareille matière; un conseil ne serait pas toléré. Je n'ai d'ailleurs eu aucune correspondance avec les supérieurs du séminaire de Meaux ni avec le vénérable évêque pendant ces quatre ans. Voilà comment j'ai *fait recevoir les ordres* à Verger.

— Comment les journaux avancent-ils de pareilles inexactitudes? Vous devriez réclamer.

— Comme ils avancent que Verger a été *mon secrétaire*. Je ne m'en étais pas douté : car je n'ai jamais eu de secrétaire, et jamais Verger n'a écrit un mot sous ma dictée ni pour mon usage.

— A votre place je protesterais.

— Il y a bien plus. Reste toujours sur moi, n'est-ce pas, la défaveur d'avoir accueilli un homme taré, un voleur enfin?

— Ce point subsiste.

— Eh bien! c'est une fausseté de plus, et à mes yeux la principale. Verger était alors un parfait et admirable jeune homme, aussi innocent que vous et moi du vol qu'on lui impute.

—Comment! Mais c'est ce vol, commis pour ainsi dire dans le sanctuaire, et sous le manteau de l'hypocrisie qui a révolté contre lui l'honnêteté publique. Jusque-là le meurtrier apparaissait comme un insensé, atteint d'une démence héréditaire : car il reste avéré qu'un de ses frères s'est tué à treize ans. C'était au moins un problème, puisque le malheureux n'avait aucun grief contre sa victime. Mais depuis qu'on a trouvé dans ses premières années la trace de la bassesse et du vice, il est redevenu un scélérat vulgaire.

— Je ne crois pas que l'opinion ait pu revirer à ce point.

— En France, une bassesse est ce qu'on pardonne le moins. Un vol est une chose ignoble, qui écarte tout intérêt. Franchement que voulez-vous qu'on pense d'un être que la charité arrache à la misère de sa condition, qui est placé dans une maison respectable où rien ne lui manque, bien nourri, bien logé, traité comme des enfants de famille, et qui ne songe qu'à voler ses bienfaiteurs, qui déshonore sans pudeur l'asile hospitalier, et cela sous le masque de la candeur? Avouez que c'est révoltant d'ingratitude, de perversité, de noirceur. Et à l'autre bout de cette carrière on trouve un attentat atroce, horrible, inouï! Entre ces deux anneaux, il y a évidemment toute une chaîne, invisible sans doute, mais garantie par ces deux extrêmes; chaîne de roueries, de cafarderie, de sacriléges, de profanations de tout genre, que ce malheureux aura traînée dès le berceau, à travers tous les sanctuaires, jusqu'à ce suprême forfait. Voilà ce que le monde lui-même voit avec horreur. En toute affaire, il est des aperçus décisifs, et dans celle-ci le vol de 1842 a été le trait de lumière.

— Si pourtant ce vol était une fausseté de plus à joindre aux deux ou trois faussetés que je vous ai déjà fait toucher au doigt?

— Comment! Mais il faudrait dès aujourd'hui le crier sur les toits.

— Le diable est en toute chose, monsieur, et il est fortement dans celle-ci (1) : c'est pour lui une aubaine de scandale qu'il veut compléter. Il a surpris la droiture et égaré la plume de quelques journalistes; par un malentendu déplorable, les ennemis de la religion exploitent l'erreur, soufflent l'indignation, stimulent le zèle de la justice; et les gens de bien

---

(1) « On cite ce matin un mot d'un homme éminent dans l'*Ordre et la Liberté* de Caen : « Il n'y a rien d'humain dans ce forfait... *C'est du « pur enfer !* » (12 janvier.)

disent comme eux. On se compromettrait en protestant, en rectifiant; on craindrait de passer pour un fauteur du crime. En attendant, l'opinion se forme, et c'est ainsi que se fait l'histoire (1).

— Comment! Mais dites-moi bien vite ce qu'il faut rectifier dans l'opinion régnante.

— A quoi bon? Vous saurez la vérité, mais l'opinion ira son train. Vous n'aurez pas le courage de la contredire.

— Pas le courage! Je suis ancien officier de l'empire.

— Le courage militaire, à la bonne heure! Celui-là court les rues.

— Vous devez pourtant voir, monsieur l'abbé, que j'ai le courage d'avouer ma pensée.

— Au coin du feu.

— Devant tout Paris! Faites en l'essai. Donnez-moi des rectifications bien prouvées : Je m'engage à les répandre dans tout Paris.

— Eh bien, il faut rectifier bien vite le journal du *Droit* sur le vol imaginaire qui a si fort trahi, selon vous l'intérêt du justiciable, et selon moi l'honneur du clergé. Le malheureux inculpé est sous les verrous: ses dénégations ont peu d'autorité, dans sa situation. Les pièces de conviction lui manquent. Ainsi deux attestations décisives de ses supérieurs sont ici entre mes mains, et non par conséquent dans les siennes.

— Vous seriez coupable si vous ne produisiez pas ces pièces. Le fait du meurtre n'est pas ce qui préoccupe aujourd'hui le parquet, les jurés et le public; ce qui motive une si sérieuse enquête, c'est la moralité du fait, et par conséquent la

(1) Je lis ce matin dans un mandement de Mgr de Nantes :

« Adressons-nous d'abord nous-mêmes des reproches salutaires; frappons nos poitrines nous avant tous les autres membres du sacerdoce. Nous ne pourrons jamais oublier que le meurtrier a été réchauffé dans le sein de l'Eglise; qu'il a réussi à tromper la vigilance des sentinelles et à entrer dans nos rangs, et quoiqu'il en ait été presque constamment repoussé et enfin totalement banni, nous devons une expiation particulière à Dieu et à la société. » Le vénérable auteur de ce mandement, dont l'amitié m'honora jadis, sera soulagé d'une portion de sa douleur en apprenant que *la vigilance des sentinelles* ne fut point en défaut. (12 janvier).

valeur rétrospective de l'individu, qui seule peut être en litige. Si donc vous possédez quelque élément de conviction à ce sujet, vous devez en faire part sans plus tarder, pour la décharge de votre conscience. Vous le devez d'autant plus que je vous offre tous les moyens de publicité. Pour moi, homme du monde, j'irais à pied jusqu'au bout de la France chercher une pièce à la décharge d'un accusé ; et vous, monsieur l'abbé, vous avez de plus, comme vous le dites, l'honneur du corps auquel vous appartenez, honneur compromis, je vous l'assure. En résumé, exhibez vos preuves.

— Il s'agit donc de prouver que L. Verger a été un jeune homme édifiant, exemplaire, irréprochable jusqu'à son sacerdoce et au-delà ?

— Ce serait parfait ! La portée de cette démonstration irait fort loin. Outre la mise hors de cause du clergé, il faudrait bien se décider à voir dans cet homme une tête détraquée, si, après des antécédents excellents, il en était venu tout à coup à cette énormité, et cela sans provocation, sans motif. L'inexplicable cri *à bas la déesse*, vainement contesté par ceux qui voulaient prêter une logique à un acte insensé, et bien d'autres anomalies, reprendraient toute leur signification et influenceraient singulièrement, si vous pouviez tenir ce que vous promettez. Hâtez-vous, monsieur l'abbé.

— Eh bien, je me rends. La seule chance d'un millième des résultats que vous promettez me déciderait. Car pour nous chrétiens, c'est un crime *de retenir la vérité captive dans l'injustice.*

— Hélas, monsieur l'abbé, le retentissement de cet attentat est déjà arrivé jusqu'au cœur du Saint-Père, et lui aussi aura fléchi sous le poids d'une telle douleur, « *corrui cum audirem !* » Il n'aura, dans son martyre, qu'une seule consolation, c'est de penser avec le vénérable chapitre métropolitain *que nous devons, s'il se peut, encore plus de pitié à la folie que d'horreur au forfait.*

— Oh ! oui, il aura bien souffert ! L'idée de cette immense douleur, ajoutée à toutes celles d'un pontificat couronné d'épines, me serre le cœur. Père auguste, père bien-aimé, n'aurez-vous pas été renversé comme Héli à la nouvelle de la profanation de l'arche sainte, et l'habitude de la souffrance vous aura-t-elle suffisamment aguerri contre ce dernier coup? *Oh! le malheureux*, qui a atteint votre cœur derrière cet autre cœur! Père, pardonnez-lui! il ne savait ce qu'il faisait...., C'est une main égarée qui portait ce coup parricide, et je serais heureux si avec cette conviction je pouvais faire arriver quelque consolation jusqu'à vous!

— Lavez donc bien vite, monsieur l'abbé, si vous le pouvez, lavez de ce front qu'on marquait de l'huile sainte, la tache de l'ignoble vol commis à Gentilly et dénoncé naguère au public. Justifiez la légitimité de cette consécration. Montrez que la tribu sainte a fait son devoir à tous les degrés de la hiérarchie, et la consolation sera pour tous. L'histoire elle-même vous en saura gré.

— Eh bien, remontons à l'origine ; commençons par la bonne sœur Mélanie (ci-devant marquise de Rochefort), qui distingua la ferveur de L. Verger le jour de sa première communion et conçut la pensée de le consacrer aux autels. Voilà la grande coupable ! non pas toutefois la première, car on peut faire remonter plus haut la complicité. Verger n'aurait point eu cette angélique ferveur, ni par conséquent été marqué pour l'autel, si Neuilly n'avait eu pour lors pour vicaire un saint prêtre, dont la parole tremblante d'émotion à la seule vue des sacrés tabernacles allait éveiller dans toute âme d'élite la piété et faire vibrer les sentiments généreux. S'il eût été moins pieux, moins pénétré, moins persuasif, il n'eût point allumé dans l'âme du jeune Verger les saints transports; et la femme angélique dont nous parlons n'eût point reconnu un ange à l'instant de la prière. La figure froide et incolore de l'enfant du peuple *débarrassé du catéchisme* n'eût rien dit à la religieuse. Verger fût retourné à la boutique de son père, et sous l'humble livrée du travail, il eût trouvé peut-être la misère, mais non les assises. Le prêtre qui embrasa son âme fut son premier bourreau ; la fille de charité fut sa complice :

> « Donne la main, Pauline, apportez des liens,
> Immolez avec lui ces deux autres chrétiens. »

— Non, monsieur l'abbé; les détracteurs mêmes du clergé n'immoleront en aucune façon ceux qui n'ont voulu que le bien avec le légitime espoir et la probabilité du succès. A ceux-là des couronnes.

— C'est la couronne d'épines ! Mais ils vous savent gré de votre amnistie. A présent appelons à la barre les maîtres du séminaire de Gentilly où fut d'abord placé Verger. Le directeur, aujourd'hui curé de Saint-Jacques-du-Haut-Pas, n'eut pas d'élève plus régulier, plus pieux, plus fervent. L'enfant qu'on venait de lui amener était le jeune Samuel, revêtu d'innocence : c'était bien l'offrande choisie pour le Seigneur. Il ne rêvait que les généreux dévouements. Son bonheur était autour des autels de Marie, qu'il ornait avec une intelligence et un zèle que le séminaire ne retrouva jamais au même degré après son départ. Puisse la Mère de miséricorde s'en souvenir aujourd'hui et oublier le blasphème ! Puisse-t-elle prouver une fois de plus qu'un serviteur de Marie n'a jamais péri ! Elle réfutera ainsi le nom injurieux de *déesse* ; car les déesses voulaient du sang, et la reine de clémence ne veut que des victimes d'amour. Elle saura gré à tous ceux qui seront entrés dans les sentiments de son cœur maternel. Puisse donc l'outrage jeté à son Immaculée - Conception couvrir la vie du criminel, en révélant sa démence, et être pour lui la source du pardon ! Le saint pontife qui pleure à Rome en sera consolé, et le saint pontife qui nous sourit du haut du ciel en sera réjoui. Laissons le radieux martyr se venger à sa guise, en livrant lui-même le cœur de Verger à la longue expiation du remords, pour l'accueillir ensuite au ciel, et l'embrasser alors en père qui pardonne, en tendant cette main qui s'était ouverte pour le soulager, qui se levait pour le bénir... Mais réfugions-nous dans le passé.

Verger était alors pur et innocent. Son jeune cœur ne battait qu'aux émotions généreuses, ne tressaillait qu'aux paroles inspirées du zèle, aux accents des saints cantiques. Il passa ainsi deux ravissantes années dans cette heureuse retraite de Gentilly, au milieu des fleurs, répandant lui-même le suave parfum de cette piété, dont ses maîtres et ses condisciples ont gardé l'ineffaçable souvenir. C'est donc alors que ses maîtres lui décernèrent le premier prix de religion, et ses condisciples, *par leur vote*, le premier prix de sagesse. Supposons que des maîtres puissent être trompés par les grimaces d'un élève hypocrite : il faudrait que Verger eût trompé de plus ses condisciples, qui ont réuni sur lui leurs suffrages.

Or, on ne trompe pas ses camarades. Il n'y a point d'hypocrisie de force à se dérober, pendant des années entières, aux yeux perspicaces et souvent jaloux de 150 émules. Les enfants sentent et devinent. Il est sans exemple qu'ils aient jamais préconisé un fourbe. Je n'admets pas pour 1842 un tel phénomène. La tache de vol ne peut passer à travers cette couronne civique pour flétrir le front qu'elle ombrage.

Les maîtres, d'ailleurs, ont déposé comme les élèves, non seulement par leurs prix, mais en envoyant Verger, à la suite des deux années passées à Gentilly, continuer ses études au séminaire de Paris, où il fit sa quatrième et commença sa troisième, comme nous le verrons. Ils l'avaient donc reconnu innocent, supposé qu'il eût plané sur lui quelque soupçon de vol.

—Etes-vous sûr de cette admission dans la maison de Paris?

— J'en ai l'attestation écrite de la main de M. l'abbé Millault, alors directeur de la maison de Paris.

—Cette admission est, par le fait, une justification péremptoire. Verger eût-il payé 2,000 fr. de pension, des hommes aussi honorables que Mgr. Dupanloup, M. l'abbé Millaut, M. l'abbé Debeauvais n'eussent point gardé un volenr hypocrite.

— Soyez-en bien certain. Car nous verrons plus bas toute leur sévérité, que j'oserai incriminer comme exagérée. D'ailleurs, la place manquait alors au séminaire, pour lequel on préparait un plus vaste local rue Notre-Dame-des-Champs; les enfants des premières familles venaient en foule s'y placer sous l'habile direction de M. Dupanloup, et Verger était boursier. S'il eût été voleur en sus, l'eût-on préféré à des prétendants honorables et riches?

— Cela n'est pas supposable.

— Nous avons, de plus, l'attestation positive de sa conduite irréprochable écrite de la main de ses supérieurs.

— Je voudrais voir cette pièce.

— La voici, providentiellement conservée. Lisez tout au long.

« Paris, le 4 septembre 1844.

« Je soussigné, directeur du petit séminaire de Paris, certifie que le sieur L. Verger est élève du petit séminaire, où il a suivi les cours de sixième, cinquième et quatrième. Sa conduite a été généralement régulière. Sa piété paraissait sincère, et c'est de lui-même qu'il s'est retiré.

« *Pour M. Dupanloup, supérieur absent ,*

« MILLAULT ,

« Chanoine honoraire, directeur du petit séminaire. »

— Donnez-moi vite cette pièce, monsieur l'abbé, et toutes les autres. Dans trois jours elles seront imprimées.

— On ne les comprendra pas, sans une notice explicative.

— Eh bien ! rédigez-la bien vite , tandis que je porte ces textes à l'impression.

— Je mets pour condition qu'on n'y changera pas une syllabe

12 janvier 1857.

NOTICE EXPLICATIVE DE L'AUTOGRAPHE.

La circulaire posthume de Mgr l'archevêque de Paris publiée hier 12 janvier commence ainsi :

« Parmi les œuvres si nombreuses auxquelles la bénédiction de Notre-Seigneur a donné naissance, il n'en est pas que nous regardions comme plus importante que l'œuvre des petits séminaires ; et voilà pourquoi, chaque année, nous devons la recommander à votre sollicitude et à la charité des fidèles. » Et il énumérait avec complaisance le nombre des jeunes lévites entretenus par cette charité, et il ordonnait de faire connaître *les résultats si consolants obtenus jusqu'ici*, et il suppliait Jésus-Christ *de donner à tous l'intelligence d'un œuvre qui intéresse toute la société, puisqu'il s'agit de la perpétuité du sacerdoce, source de paix, de bonheur et de salut. Il remerciait les dames qui s'y dévouent et réclamait de nouveau leur généreux concours.*

Hélas ! c'est après avoir tracé ces lignes que Mgr tombait sous la main d'un de ces fils bien-aimés que le diocèse avait nourri et élevé.

Si l'odieux de l'attentat rejaillit sur les supérieurs qui, croyant préparer un ministre de *paix, de bonheur et de salut*, ont préparé un instrument de meurtre, il faut que cet odieux remonte plus haut. Il faut qu'il atteigne une de ces dames dévouées qui ont écouté la voix du Pasteur, la marquise de Rochefort, avons-nous dit, devenue *dame de charité* et appelée de l'humble nom de sœur Mélanie. Mais la circulaire qui coïncide si étrangement avec l'attentat nous apprend à remonter plus haut encore. C'est à l'auguste victime qu'il faut s'en prendre. C'est à tous les prélats provocateurs de la même charité. Nous sommes en noble et sainte compagnie, nous tous qui portons cette solidarité ; nous avons en tête Jésus-Christ lui-même, autre instigateur de tous les dévouements, autre éducateur d'un ministre sacrilége. En recevant ces jours derniers la visite du prêtre vénérable qui plaça près de moi L. Verger, je lui dis en lui tendant les bras : « Mon pauvre ami, c'est vous qui êtes cause de tout cela ! » Et il me répondit en regardant mon crucifix : « Comme la bonne sœur ! comme tous ceux qui ont fait le bien ! »

Oui, tous ont fait le bien ; j'achève de le démontrer.

Nous avons produit un certificat des supérieurs de Verger à la date du 4 septembre 1844, et justifié jusque-là la charité de ses bienfaiteurs, la sagesse de ses maîtres, comme aussi la conduite irrépréhensible du sujet.

Pourtant cette troisième année n'avait point eu les honneurs ni peut-être le mérite des précédentes. Verger avait fait sa quatrième sous un professeur peu sympathique pour lui. Il avait dévoré en silence un grand nombre de ces petits chagrins d'écolier dont l'âge mûr ne se fait pas toujours une juste idée. Sa santé jusque-là vigoureuse s'altéra, son visage était décoloré, son œil avait perdu sa vivacité. Il déchut rapidement du rang qu'il avait jusque-là occupé dans ses classes. On jugea son intelligence arrêtée dans son développement. Cet état maladif empira quand les chaleurs de l'été, si intenses dans l'étroit local de la rue Saint-Victor, vinrent s'ajouter aux ardeurs intérieures dont était consumée invisiblement cette âme en souffrance. Verger demanda à aller respirer à Neuilly. On vit de la mauvaise volonté dans cette requête. L'irritation d'une part et le mécontentement de l'autre se développèrent, si bien qu'au terme de l'année scolaire péniblement atteint, on se trouva d'accord pour une séparation. Les supérieurs qui ne pouvaient trop préciser la cause de leur refroidissement alléguèrent à la bonne sœur Mélanie que Verger s'était de sa propre autorité dispensé d'un examen d'algèbre qu'il aurait dû subir à la fin de l'année ; que cette omission leur apparaissait comme un trait de mauvaise tête ou d'amour-propre, et on lui conseilla de le présenter au petit séminaire de Versailles ; c'est à cette occasion que fut délivré le certificat du 4 septembre 1844 que nous avons transcrit.

La bonne sœur comprit qu'un boursier devait payer de bon exemple, et comme elle était femme du monde, elle comprit que le fils d'un très-petit tailleur serait plus convenablement placé dans un séminaire de province qu'à Paris, au centre d'une jeunesse d'élite, dans la société de riches et nobles condisciples.

C'était en septembre, et il était trop tard pour obtenir une bourse à Versailles · les faveurs sont rarement à la merci des retardataires. Verger se vit donc sans avenir, menacé de reprendre place dans l'humble échoppe de son père. Révoltante perspective, après plusieurs années d'études, après des palmes et des couronnes ! Verger se révolta en effet contre un sort pareil. Fort de son énergie et du sentiment de sa capacité, il résolut d'échapper par lui seul à cette humiliation et d'arriver par son travail individuel, sans secours et sans maîtres, à ce baccalauréat, porte de toutes les carrières. Si je ne me trompe, ce moment est un des beaux instants de sa vie. Mais comment se procurer les livres nécessaires ? Ici commence le mal. Il songe qu'il a entre ses mains 60 fr. que lui a remis sa bonne protectrice pour son entretien lors de sa rentrée présumée au séminaire. Il juge que maintenant les souliers et les bas ne sont pas le besoin le plus urgent ; que la toilette aura tort ; et avec son impétuosité ordinaire, il va à Paris acheter avec le programme du baccalauréat tous les livres prescrits, entre autres le *Racine* et le *Molière* dont il est question dans *le Droit*, c'est-à-dire les pièces de ces auteurs qui font partie du programme. On devine que c'est là ce qui a donné lieu à l'inculpation de vol articulée par les journaux, et l'on voit en même temps toute l'iniquité du grief. Sans doute Verger changeait la destination de la somme reçue, mais c'était *avec le consentement raisonnablement présumé* (comme nous disons en théologie) de la bienfaitrice. Il aurait dû la consulter, rien de plus juste ; il a manqué d'égards, de déférence, de confiance, à la bonne heure ; il devait aussi consulter M. l'abbé Lartigue, vicaire de Neuilly, son autre bienfaiteur et père, rien de plus vrai. Mais une faute de précipitation, d'entraînement, n'est pas une bassesse compliquée d'hypocrisie, comme le vol imaginaire que l'on dénonce au public ; il n'y a rien de commun entre ces deux péchés ; et j'ose présumer que personne ne vouera à celui qui eut lieu le mépris et la haine. Ces allures un peu indépendantes ne sont pas un crime dans un jeune homme; on reconnaît souvent dans ce miroir sa propre jeunesse; on les réprime doucement par une paternelle admonestation, et tout est fini : il n'y a pas tache. C'est ce que fit le bon abbé Lartigue, et ni lui ni la bonne sœur ne songèrent à ôter au jeune délinquant la moindre part de leur intérêt et de leur bienveillance. Il y a cinq jours M. l'abbé Lartigue me redisait tous ces détails tels que ma mémoire les a fidèlement conservés.

Mais le nouvel aspirant au baccalauréat n'était pas tellement charmé par la compagnie des auteurs dont il était resté possesseur, ni tellement séduit par la perspective des palmes universitaires, qu'il ne retournât souvent en esprit à son petit séminaire. Au fond, il aimait passionnément tout ce qui était pieux. Quoi, ne plus revoir ces sanctuaires de la Vierge, dont il tressait les guirlandes! ne plus entendre cette parole électrique de M. Dupanloup, qui tous les soirs faisait tressaillir son âme! ne plus recevoir ces doux conseils du directeur de sa conscience, qui s'épanchaient sur son cœur comme la rosée! quelle torture! Verger fit céder son orgueil froissé. Il se fit suppliant. Il demanda sa réintégration parmi ses anciens camarades. Hélas! ils étaient déjà rentrés et lui restait solitaire, exilé...

> Improbe amor, quod non mortalia pectora cogis!
> Ire iterum in lacrymis, iterum tentare precando,
> Cogitur, atque animos supplex submittere amori.

Il écrivit donc à M. Dupanloup et à son confesseur; et ces deux lettres, mélange indicible de fierté et de tendresse, d'indépendance et de soumission, se retrouvent dans l'autographe que l'on lira bientôt.

M. Dupanloup se connaissait en sentiments délicats et généreux. Il devinait toutes les nobles choses, et il ordonna qu'il y eût une place pour L. Verger dans son séminaire, où il n'y en avait réellement plus.

Verger rentra le 1er octobre 1844.

Mais le Ciel réservait une grande expiation à cet achat précipité de livres profanes dont nous avons parlé. Le Dieu des âmes pieuses est un Dieu jaloux : *Deus noster, Deus œmulator*. Il sonde les cœurs et les reins. Il ne juge pas des fautes selon nos faibles lumières. Dans ce moment d'impatience, où Verger sembla se défier de la Providence, abjurer sa vocation, se chercher à lui-même une voie et disposer de son avenir, Dieu vit peut-être une grande infidélité à sa grâce, une épreuve mal portée, une tentation mal soutenue. Qui nous dira le secret de ses voies? Tremblons, nous, chrétiens. Un apôtre nous a dit : Tous ceux qui ont plu à Dieu ont passé fidèles à travers l'épreuve, et ceux qui n'ont pas su la soutenir ont été rejetés.

Verger avait rapporté au séminaire quelques-uns de ces livres étrangers à sa classe et peut-être aux études d'un jeune lévite. Le sage directeur, M. l'abbé Millault, s'alarma et voulut en connaître la provenance. Il questionna le détenteur, et le renvoya, satisfait en apparence des explications. Toutefois, après huit jours de réflexion, il crut voir dans cette résignation si prompte au baccalauréat, l'indice d'une vocation bien fragile, d'un instabilité bien inquiétante pour l'avenir. Fallait-il aventurer plus longtemps les deniers des âmes pieuses, pour un résultat incertain? M. Millault eût exposé de grand cœur son propre bien : mais celui du diocèse? En fin de compte, comme il y avait alors abondance et surabondance de bons sujets, le respectable directeur, pressé et harcelé par les prétendants, disposa de sa place pour un autre, en l'absence de M. Dupanloup, et insista auprès de la bonne sœur sur le conseil qu'il avait donné pendant les vacances. Verger fut prévenu avec bonté, par M. Millault lui-même, et il reçut cette nouvelle avec ce calme impassible, cette *placidité*, que signale aujourd'hui le journal *le Droit*, qui semble à tous inexplicable et qu'il explique pourtant lui-même, en relatant dans l'autographe cette douloureuse scène.

Il reparut, toujours impassible, à Neuilly devant son père, devant sa protectrice, devant son protecteur, devant les paroissiens qu'il continua d'édifier sans affectation ni embarras, sans timidité ni bravade.

Certes, il y avait dans cette sévérité outrée de quoi exaspérer un jeune homme. On pouvait s'attendre à le voir jeter le froc aux orties, maudire les abbés, et se jeter à corps perdu dans son baccalauréat. Il n'en fit rien pourtant. La grâce d'en haut dominait encore dans cette âme. Il se courba sous la verge, il dompta les révoltes de l'orgueil, comprima les ressorts de son énergie. Par un sublime effort d'abnégation, à 18 ans, à l'âge où les passions fermentent si ardentes, même dans les natures dociles, il se remit passif et désarmé *comme un bâton, comme un cadavre* aux mains de son confesseur, M. Lartigue.

Le digne prêtre ne précipita rien, et demanda à Dieu ses lumières. Il voulut savoir des anciens maîtres de Verger tout ce qui avait pu motiver cette rigoureuse mesure : il n'apprit d'eux que les raisons que nous venons d'exposer, et l'autographe auquel nous arrivons établit clair comme le jour qu'il n'y en avait point d'autres. Quand M. Dupanloup eut à expliquer ce départ aux condisciples de Verger surpris et consternés, il crut ne pouvoir mieux exprimer sa pensée que par un paradoxe : *Il était trop parfait.* Les élèves alors présents redisènt aujourd'hui l'ébahissement où ce mot les jeta. Mais ils commencent peut-être à en comprendre la profonde et insondable logique. Tout ce qui est au-dessus de la nature est effrayant. Des qualités hors ligne sont dangereuses si elles se retournent contre le bien. La même énergie qui dans Verger était assez puissante pour éviter des peccadilles inévitables avait quelque chose de redoutable. La première fois que nous vîmes l'inflexible rectitude de ces wagons qui dévoraient l'espace, nous eûmes peur. Nous reculâmes instinctivement; nous sentîmes que si ces machines puissamment comprimées échappaient aux rails, s'affranchissaient de la domination du génie, elles prêteraient à la destruction toute leur énergie. L'Eglise est réduite à ne plus désirer pour ministres les caractères transcendants, les génies incomparables, qui l'ont trop souvent revêtue d'habits de deuil. Les Tertullien et les Lamennais sont de tous les temps, se reproduisent sous toutes les formes. Quand M. Dupanloup prononça ce mot étrange, il eut sans doute cette irradiation des hommes supérieurs que l'on peut appeler fatidique. Peut-être aussi ne songeait-il qu'à cet avis du sage : *Noli esse sapiens multum, ne obstupescas.* Quoi qu'il en soit, son mot restera.

M. Lartigue, privé de ces illuminations exceptionnelles, s'éclaira par les voies vulgaires, par des renseignements, par ses observations personnelles, par les avis de la sainte religieuse et de son curé, enfin par les éléments de conviction qu'il crut pouvoir tirer du jeune homme lui-même.

Il lui remit une série de six questions pour qu'il les mé-
ditât à loisir et lui en remît par écrit les réponses. La Providence a conservé miraculeusement les réponses que fit
Verger : je les mettrai tout à l'heure sous les yeux. Il décla-
rait sentir une vocation inébranlable et invincible à tous les
obstacles pour l'état ecclésiastique. Il y parle de la cause qui
a motivé son renvoi, l'affaire des livres, et l'on voit bien mani-
festement qu'il n'en connaît point d'autre. Au plus fort de
sa peine, il s'en humilie, s'en frappe la poitrine, mais on
sent qu'il subit en cela l'appréciation d'autrui, qu'il ne juge
sa faute avec sévérité qu'au point de vue des conséquences
si graves qu'il en ressentait. Du reste il excepte de ses accusateurs sa conscience.

Dans cette situation, qu'eussent fait ces présomptueux
censeurs de la crédule facilité du clergé? Assurément ils
eussent cru leur sagesse fort en règle en replaçant au plus
vite ce sujet dans un séminaire. Eh bien ! M. Lartigue poussa
plus loin la prudence. Il crut qu'il y avait encore à hésiter
sur cette vocation, puisqu'elle avait été suspectée par un
vénérable directeur de séminaire. Il y avait toutefois une
responsabilité non moins redoutable à laisser s'éteindre,
faute d'aliment, dans ce cœur le feu sacré que le Saint-
Esprit semblait y allumer, à priver d'un sauveur les âmes
auxquelles ce jeune lévite était destiné peut-être. Terrible
perplexité, devant laquelle j'ai vu des directeurs de séminaire près de déserter leur poste redoutable! Mais que faire,
après tout, direz-vous? On n'est pas obligé de deviner. Eh
bien! oui, vous voilà au moment de nous accuser de rigo-
risme et de scrupule, vous qui lisez ceci, tandis que la foule
nous accuse de crédulité et d'ineptie.

Le sage directeur chercha une maison qui ne fût ni séminaire ni collége et qui fût l'un et l'autre, qui eût deux
portes ouvertes, l'une sur le monde, l'autre sur le sanctuaire,
où le jeune probationnaire put choisir sans influence ni
contrainte, où, enfin, cette vocation, mise en suspicion, eût
à la fois ses conditions de liberté et ses garanties de conservation.

Voilà une sagesse admirable, direz-vous! Oui, mais il
fallait encore réaliser cet idéal. Une maison qui n'est pas
petit séminaire a ses loyers à payer, ses charges de toute

espèce, et ne possède point les subventions de l'Etat ni les secours de la charité publique. Tout élève y doit payer sa pension. Or, les vicaires de Neuilly ont les bonnes œuvres de leur paroisse, èt la marquise devenue humble sœur n'était plus depuis longtemps que fermière et servante des pauvres de Jésus-Christ. Cependant on se cotisa, on se gêna : on réalisa l'énorme chiffre de 400 fr. Mais c'était à peine moitié. Moitié ! C'est déjà beaucoup pour la charité.

L'abbé Lartigue avait, depuis vingt ans, un ami, autrefois son condisciple et son collègue chez M. l'abbé Poiloup, et alors chef d'une petite maison d'éducation, où régnait une grande ferveur. Il vint lui offrir part de frère dans la bonne œuvre, lui exposant de point en point tout ce que j'ai relaté jusqu'ici : car, cet ami, c'était moi-même. Il me cacha alors, ce que j'ai su depuis, qu'il entretenait ainsi, avec sa complice, deux autres jeunes gens, aujourd'hui l'honneur du clergé de Paris : car il n'avouait ses bonnne œuvres que contraint et forcé. Convaincu des talents alors méconnus de Verger, il ne désespérait pas que ce jeune homme ne prît le goût de l'enseignement et ne rendît d'utiles services dans la maison où il allait le présenter, et il lui suggéra sans doute cette idée : car six mois après, le nouveau-venu s'offrait spontanément corps et âme pour cet avenir tout d'abnégation, comme nous le verrons bientôt. Cet espoir put rendre moins méritoire pour moi le sacrifice réclamé; mais la seule chance de préparer un prêtre à l'Eglise était un mobile sur lequel mon ancien ami pouvait compter. L. Verger entra dans ma maison le 1er décembre 1844, en qualité d'élève de troisième, et non pas de secrétaire. En 22 mois, il fit sa troisième, sa seconde, sa rhétorique et sa philosophie : ce fut assez pour l'occuper. Sa conduite était aussi exemplaire que son travail était opiniâtre. Son dévouement pour le bien de la maison qui l'avait accueilli était prodigieux, je n'ai pas d'expression plus juste pour en exprimer l'étendue, et jamais je n'ai rien trouvé qui en approchât. Sa reconnaissance était brûlante : un regard ami faisait jaillir de ses yeux des étincelles, sa voix était toujours émue, il serrait convulsivement, avec une expression de bonheur indicible, la main qu'on lui tendait. Bien souvent négligé au milieu des tracas et des accablantes préoccupations qui m'obsédèrent pendant *tout le temps de son séjour* (à la suite d'un transfert mal combiné dans un local incomplet), allangui par une fièvre lente qui me mina sept mois, je rencontrais toujours pour consolation les regards animés et caressants de ce pauvre ami, toujours aux aguets de ce qu'il pourrait faire pour me plaire ou me servir ; heureux de s'épuiser jusqu'au sang avec un instrument de terrassier ou de jardinier, pour activer des travaux trop lents au gré de son impatience ; se levant, pendant les vacances, avant le jour pour tirer de l'eau à force de bras et féconder un terrain aride, etc. Voilà comme il aimait ! voilà quelles passions s'agitaient dans cette âme ! Jetées hors de la voie, elles ont tout renversé aveuglément, et abouti à la plus épouvantable explosion. J'ose prédire qu'il saura se punir avec la même énergie, si jamais l'exaltation qui le transporte en ce moment vient à tomber et si ses yeux se dessillent. Vous l'espérerez vous-même en lisant ce cahier, que l'infortuné me remit le soir d'un de ces jours de fête qui ignorent l'avenir. Je le parcourus à peine des yeux, absorbé que j'étais alors. Depuis il est resté dans mes cartons, ignoré de moi-même. Cherchant une simple lettre, il y a cinq jours, je le rencontrai par un véritable hasard. Quelle ne fut pas mon émotion ! Peut-être la Providence a-t-elle dicté alors et conservé jusqu'à ce jour ce monument de pieuse ferveur dans des vues de clémence que ni l'auteur ni le dépositaire n'avaient pu soupçonner !

AUTOGRAPHE

DE LOUIS VERGER

Au 1er Juin 1845.

Je dois en ce jour, 1er juin 1845 (jour de la fête du Très-Saint-Sacrement), recevoir le corps adorable, le sang, l'âme et la divinité tout entière de Notre-Seigneur Jésus-Christ. J'ai désiré faire cette communion avec la plus grande ferveur; aussi découvrirai-je mon cœur à celui que mon divin Maître m'a donné d'aimer et ferai-je de ce jour l'époque principale de ma vie future.

Monsieur le supérieur,

Depuis longtemps déjà je suis vivement préoccupé au suje
de l'affection que vous me témoignez tous les jours ; je me
demandais l'autre soir, silencieusement recueilli en la présence de mon Dieu, les yeux mouillés d'abondantes larmes,
ce que j'avais fait pour qu'il me comblât de telles faveurs ; je
ne trouvai tout d'abord pour toute réponse que de nouvelles
larmes lorsqu'enfin, comparant les bienfaits que votre libé-
ralité ne cesse de me prodiguer, je me suis trouvé tellement
indigne de leur nombre et de leur grandeur que j'en demeurai tout confus et que je ne pus m'empêcher d'adorer dans
un anéantissement aussi profond que possible la bonté de
mon Dieu qui vous a choisi pour faire couler sur moi ses
grâces en abondance. Oh ! si vous aviez été, comme l'ange
qui veille sur moi, témoin de cette scène qui dura environ
une heure et demie où mon cœur se plaignait vivement de
ne pouvoir à cet instant saisir le vôtre pour lui dire et redire
mon amour, ma reconnaissance, le bonheur que j'éprouvais
de l'aimer ! Oh ! si vous l'aviez vu s'en emparer, le presser
amoureusement sur le mien avec cette ardeur, ce serment

d'une éternelle fidélité !... Que ne puis-je tout vous dépeindre !...

Maintenant un sacrifice peut-il me coûter ? Eh ! en est-ce un que de se donner entièrement à un cœur qui ne demande et ne désire que la gloire de Dieu? Défricher un terrain ou un autre, n'est-ce pas toujours à peu près les mêmes soins, les mêmes travaux, les mêmes veilles, les mêmes fatigues? Eh ! quand une terre serait plus inculte et plus aride, qui, par conséquent, demanderait plus d'activité, plus d'ardeur de la part du laboureur, faudrait-il pour cela reculer un seul instant? Non, c'en est fait, mon parti est pris; j'ai longtemps gardé le silence, longtemps j'ai refusé et j'ai dit : Non, je ne consacrerai pas ma vie à la jeunesse, parce que je la trouvai généralement trop ingrate ; mais l'homme propose et Dieu dispose. C'était précisément, comme je le vois maintenant, la part, l'héritage qui devait m'échoir, et c'est cette jeunesse qui désormais verra la grandeur du dévouement que Dieu a mis dans mon cœur, c'est elle qui deviendra l'objet de ma plus vive sollicitude ; je lui consacrerai, au jour que le Seigneur me désignera, mes soins les plus assidus, les plus tendres, les plus affectueux ; je ferai tout pour elle, et bien souvent, je vous le dis aussi sincèrement que je le puis, Monsieur le supérieur, je gémirai sur elle, je pleurerai, je prierai, je travaillerai le jour et la nuit, car ce n'est pas tout plaisir que j'attends ; cela pour Notre-Seigneur, cela pour vous, Monsieur le supérieur, cela pour mon salut, cela pour le plus grand bien et la plus grande gloire de Dieu, n'est que la faible part que je voudrais léguer à celui qui m'a aimé jusqu'à mourir pour moi ; rien pour moi personnellement, non, je ne veux rien ; trop heureux de pouvoir m'épuiser un jour et de donner, s'il le fallait, mon sang pour les âmes que le Sauveur a sauvées sur le Calvaire.

Par ces quelques lignes vous pouvez facilement me juger. Oh ! si ces Messieurs du petit séminaire m'avaient connu, s'ils avaient vu le feu qui me consumait, en un mot s'ils m'avaient seulement compris par ma conduite, ils ne m'auraient probablement pas humilié jusqu'au dernier degré (mais s'ils ont agi de la sorte, je veux bien le croire, c'est qu'ils le croyaient indispensable). Que ne puis-je vous peindre le déchirement de cœur que j'éprouvai lorsqu'on me dit qu'il fallait quitter la maison, alléguant que, pendant trois années, ils n'avaient pu tirer aucun résultat, ni former aucun projet sur moi, qu'ils avaient perdu leur temps et moi le mien, qu'il fallait, par conséquent, renoncer entièrement au sacerdoce et m'adonner à d'autres fonctions. Je ne répondis pas un seul mot au moment où ces paroles me furent adressées ; mais ce silence n'était qu'apparent, je sentais au-dedans de moi cette voix intérieure qui m'invitait à la patience, à la résignation ; aussi pendant un mois, mon père n'a-t-il entendu de moi que cette parole : Il faut attendre, j'ai encore bon espoir, et dans le secret de mon âme j'invoquai sans cesse avec ferveur la très-sainte Vierge. Certes je n'ai pas été trompé, je n'espérais pas autant qu'elle m'a donné ; je dirais qu'elle m'a donné ce dont j'étais indigne : Vous, Monsieur le supérieur, votre personne, votre affection.

Vraiment, Monsieur, il y avait quelque chose de providentiel, si vous vous rappelez le jour où nous nous vîmes pour la première fois. Quel accord ! quelle harmonie s'est aussitôt manifestée entre votre cœur et le mien ! comme nous nous sommes compris de suite ! Je crois que cette remarque ne vous a pas moins frappé que moi, d'après vos paroles et ce dont j'ai pu juger par moi même depuis lors.

Enfin, puisque vous me donnez une si belle occasion de m'ouvrir tout à fait à vous, je vous mettrai sous les yeux les divers écrits qui pourront vous donner une idée encore plus précise de mon caractère :

Voici un certificat que chaque élève du petit séminaire est tenu de remettre à M. le directeur au retour des vacances ; les circonstances qui se sont opposées à ma rentrée au petit séminaire, fixée au 1er septembre dernier, me l'ont laissé entre les mains :

Neuilly, le 1er septembre 1844.

Je, soussigné, curé de Neuilly, certifie que Louis Verger, élève du séminaire Saint-Nicolas, a passé tout le temps de ses vacances dans sa famille à Neuilly ; que sa conduite a été celle d'un bon séminariste, et qu'il n'a cessé d'être un sujet d'édification pour toute la paroisse.

DELEAU, curé de Neuilly.

La personne qui, depuis quatre ans, s'est spécialement chargée de pourvoir à tout ce dont je pourrais avoir besoin pendant le cours de mes études, désirant, pour raison de santé, me faire sortir du petit séminaire de Paris, me fit demander à M. le directeur le certificat ci-dessous :

Paris, le 4 septembre 1844.

Je, soussigné, directeur du petit séminaire de Paris, certifie que le sieur L. Verger est élève du petit séminaire, où il a suivi les cours de sixième, cinquième et quatrième. Sa conduite a été généralement régulière. Sa piété paraissait sincère, et c'est de lui-même qu'il s'est retiré.

Pour M. Dupanloup, sup. absent,

MILLAULT, chan. hon., direct. du petit sémin.

Un mois plus tard, cette même personne n'ayant pu me faire entrer, faute de place, au petit séminaire de Versailles, fit de nouvelles instances auprès de ces Messieurs du petit séminaire de Paris pour me rendre à ma classe. Elle l'obtint facilement.

Dans cet intervalle, j'écrivis les deux lettres suivantes, l'une à M. Dupanloup, supérieur, l'autre à M. l'abbé Mège, mon directeur :

Monsieur le supérieur,

Mon cœur m'a dit que tous mes devoirs n'étaient pas remplis une fois sorti du petit séminaire, et aussitôt je me suis demandé si, pendant tout le temps que j'y demeurai, je les avais tous remplis rigoureusement; dès lors je me suis rappelé qu'au dernier trimestre de l'année qui vient de s'écouler, j'avais manqué, soit que vous supposiez par faiblesse ou légèreté, de me présenter à un examen d'algèbre; que, par conséquent, je laissai un grand vide dans ma conduite accoutumée. Monsieur Millault m'a gravement reproché cette faute, et c'est de là qu'il attribue, je crois, mon éloignement de la maison. Mais voici la raison que je donnerai pourquoi j'ai voulu me dispenser de cet examen :

1° Le mauvais état de ma santé alors me nuisait tout à fait dans mon travail journalier, puisque peu auparavant je demandai à M. le directeur d'aller passer quelques jours dans ma famille. En second lieu, j'étais incapable de le passer. J'aurais dû faire au moins preuve de bonne volonté, comme me l'a dit M. Millault; cela est vrai; mais il faut croire que le principe sur lequel je m'étais fondé était faux; savoir : que jamais on ne doit se présenter à un examen sans qu'on se sente capable d'y répondre convenablement. Enfin, permettez-moi de vous faire part de cette pensée : c'est que le cours d'algèbre ne pouvait pas être suivi comme l'aurait désiré tout bon élève, vu qu'il fallait, de huit jours à l'autre, rédiger ce qui avait été expliqué dans la classe précédente, ou bien, si l'on ne voulait pas attendre ces huit jours, négliger d'autres devoirs plus pressés pour s'occuper de la rédaction de son algèbre. De là vient mon incapacité. Mais tout cela est passé, et M. Millault n'a rien eu à me reprocher de plus; j'ai reçu sa dernière parole, qui m'a fait bien de la peine. Néanmoins, mon cœur m'a dit que je n'avais plus qu'un devoir à remplir, devoir important, résultat de l'éducation qu'on donne au petit séminaire; c'était celui de la reconnaissance la plus parfaite envers vous, Monsieur le supérieur, et tous ces Messieurs du petit séminaire. Je ne vous demanderai plus qu'une seule chose, Monsieur le supérieur, c'est de me donner les derniers avis qu'un père, si j'ose ainsi parler, doit donner à son enfant, et m'assurer toujours votre affection, puisque ma vocation, quoique éprouvée, est toujours la même.

Pour moi, je suis toujours, en vous embrassant avec le plus profond respect, votre enfant soumis.

L. V

Septembre 1844.

Très-cher père,

Vous n'avez pas été sans savoir pourquoi je n'étais pas de retour au petit séminaire; je suppose que vous en connaissez toutes les causes, et je crois inutile d'en parler. Il est certain que je n'y rentrerai plus; j'ai voulu m'en assurer avant que de vous écrire cette lettre. Pour de si faibles raisons, ma vocation, que vous connaissez, est mise à une si rude épreuve; mais, grâce à Dieu, il me la conserve intacte, preuve qu'il ne m'a pas rejeté. Je ne suis nullement troublé dans mon exil, m'appuyant sur la bonté infinie de Notre-Seigneur, qui saura bien, s'il veut qu'un jour je reçoive le caractère auguste du sacerdoce, aplanir tous les obstacles. Enfin, cher père, vous étiez mon directeur, le directeur le plus cher que j'ai jamais eu, et faudrait-il, pour de faibles raisons temporelles, que je m'éloignasse de vos avis, de votre bonté, en un mot de votre cœur de père? Non, et vous-même me l'assurez sans que je vous le propose, d'être toujours mon directeur, en quelque position que je me trouve; si des vacances ont interrompu les marques bienveillantes de votre attachement pour moi, que j'espérais trouver au retour, serait-ce une raison, dis-je, pour qu'il s'établît, pour ainsi dire, un divorce entre nous?

Vous aurez la bonté de me faire connaître, dans une lettre que vous voudrez bien m'adresser, s'il y a d'autres causes de mon éloignement de la maison que celle que M. Millault m'a fait connaître;

Si mon éloignement de la maison dépend positivement de la mauvaise volonté que M. le directeur suppose que j'ai apportée dans mon dernier examen d'algèbre; s'il y en a d'autres, vous me les ferez connaître comme directeur ;

En second lieu, s'il y a possibilité, tout en conservant mon confesseur, de me soumettre en même temps à votre direction.

Enfin je recevrai de vous avec un très-grand plaisir toutes les bonnes paroles que vous voudrez bien m'adresser.

Recevez l'assurance de ma sincère affection et de mon plus profond respect.

L. V.

P. S. Je me recommande d'une manière toute particulière à vos saintes prières, au très-saint sacrifice de la messe, et vous propose d'y demander en ma faveur les lumières du

Saint-Esprit. De mon côté, quoique mes prières soient bien faibles, je ne vous oublierai pas.

Neuilly, septembre 1844.

Je rentrai donc, grâces aux nouvelles instances qu'on fit, le 1ᵉʳ octobre, au petit séminaire de Paris, à ma grande joie et celle de tous mes maîtres et condisciples.

Les quinze ou vingt premiers jours se passèrent parfaitement; mes places dans les trois compositions que j'ai faites, mes succès trois fois répétés dans la rédaction des analyses du catéchisme, annonçaient vraiment une bonne année sous tous les rapports.

Lorsque le 24 septembre (1), qui était un dimanche, M. Millault m'écrivit un petit mot par lequel il me disait d'aller me présenter à lui pendant la récréation du goûter, ce que je m'empressai de faire, lorsqu'il me dit : « Mon enfant, n'avez-vous pas acheté pendant vos vacances une quantité assez considérable de livres avec l'argent que vous avez demandé à cette personne qui s'intéresse particulièrement à vous ?». Je lui répondis : « Oui, Monsieur.» Alors il me demande quels étaient ces livres, il m'invite à le lui dire en toute confiance et qu'il ne s'ensuivra rien de fâcheux pour moi. Alors, toujours plein de confiance en mes supérieurs, je n'hésite pas un seul instant, je les lui fais tous connaître. Il me demande si j'en avais dans mon bureau ; je lui dis que oui, mais que je m'étais bien gardé d'apporter dans la maison ceux que je soupçonnais être sujets de réprobation ; alors il me blâme longuement d'avoir employé tant d'argent pour des livres dont je n'avais nullement besoin pour l'instant. Néanmoins il me témoigne le plaisir que je lui ai fait en lui parlant avec tant de franchise, me dit de retourner à l'étude sans m'inquiéter de rien, me quitte en me serrant la main d'une manière affectueuse.

Je me fie sur sa parole, et en effet, je ne m'inquiète de rien. Sept jours plus tard, M. le supérieur s'étant absenté pour un petit voyage, M. le directeur me fait dire de monter chez lui après le dîner ; je me rendis à son invitation. Alors il me dit : «Mon cher enfant, j'ai une chose bien pénible à

---

(1) Il a voulu dire octobre.

vous annoncer, c'est que M. le supérieur m'a chargé de vous dire qu'il vous fallait quitter la maison et rentrer dans votre famille. »

Je reçus ces paroles avec calme, mais calme apparent, comme je l'ai dit plus haut; et le lendemain, en effet, je quittai la maison.

Je sais positivement qu'il a été dit à la lecture spirituelle, le soir même de mon départ, que j'étais parti pour cause d'incapacité, ce qui n'est pas très-flatteur; mais mon espérance était au-dessus de tout cela, et voici les réflexions que je crus devoir suggérer à M. Lartigue, pour lui découvrir mes intentions, voyant qu'il souffrait lui-même de me voir dans une si fâcheuse position. Je les ai écrites dans la nuit du 20 au 21 novembre dernier.

En rentrant dans ma chambre à dix heures du soir, il me vint en pensée, après ma prière, de prendre ma plume, de répondre à chacune des questions que, ce même soir, M. Lartigue, que j'étais allé voir, m'avait fortement conseillé d'examiner sérieusement; je ne me couchai qu'à une heure du matin, content et satisfait d'avoir réglé dans le silence une affaire qui me touchait de si près.

Voici ces quelques questions :

Mon Dieu, je me suis proposé de méditer sérieusement en votre présence; je sais que mes seules ressources sont insuffisantes, si vous ne venez m'aider dans un instant si décisif, où il y va peut-être de mon éternité.

O Marie, vous qu'on n'invoque jamais en vain, m'abandonnerez-vous donc ? Vous m'avez jusqu'ici donné tant de preuves de votre amour, puisque, comme je le disais encore dernièrement dans mes réflexions de retraite, j'ai tout obtenu de votre puissante intercession; venez, venez, ô bonne mère; portez-moi quelques secours. Je me propose de répondre sérieusement à chacune des questions ci-dessous désignées et de faire connaitre mes pensées à qui voudra les entendre.

D'abord, je dirai qu'il est visible que la main de Dieu est ici, qu'elle veut me faire réfléchir à mon inexpérience, en agissant à l'avenir en vue d'un but direct, un but où l'on remarque de la droiture d'esprit et de cœur et une sagesse qui me forcera, pour ainsi dire, à consulter des personnes plus sages sans comparaison et ayant plus d'expérience que moi.

Faut-il donc l'avouer devant vous, Seigneur, que j'ai commis une faute? Eh bien, oui, j'en ai commis une vraiment grave et vous en demande très-humblement pardon. Faut-il demeurer sans espoir, quoique vous m'ayez retiré pour le moment tout secours humain? faut-il demeurer muet et m'endormir dans un lâche silence qui annoncerait la mort de mon âme? Non, non, je sens qu'il faut que je parle sans plus tarder. Je commence donc, puisque c'est vous qui l'ordonnez.

1° Ma vocation. Ma vocation, je l'avoue aussi sincèrement qu'il m'est possible, que je crois la tenir de Dieu ; mon enfance tout entière a paru l'annoncer par avance, et c'est au jour de ma première union avec mon Dieu, où j'ai pris l'engagement solennel, tandis que mon cœur était rempli du feu de son divin amour, d'y correspondre autant qu'il me le serait possible ; j'ai donc, pour ainsi dire, rompu cette alliance, puisque je viens de commettre une faute si grave qu'elle m'exclut d'une maison, sans plus d'espoir pour y rentrer ; qu'elle indispose contre moi une personne qui m'était toute dévouée, qu'elle jette dans l'abattement toute ma famille et qu'elle me rend indigne de faire un jour l'œuvre de Dieu. Quelle peine pour un cœur chrétien ! que de reproches à me faire !

2° Y a-t-il quelques motifs humains qui m'engagent à entrer dans le sacerdoce ?

Je suis en votre présence, à l'heure où j'écris ces lignes ; vous voyez le fond de mon cœur, Seigneur, et je crois, sans me compromettre, que je puis dire hautement que rien en ce monde ne charme mon cœur, sinon l'œuvre de mon salut et de celui de mes frères ; on a interprété, je l'ai entendu dire dans ma famille par une personne étrangère assez recommandable, que je n'avais dans le cœur que de l'ambition, le désir de me faire une position sur cette terre ; alors je me dis en moi-même : heureusement que Dieu voit le fond de mon cœur !

Mais ma faute dénoterait le contraire de ce que je pense ici et prouverait, par conséquent, la vérité de la parole de cette personne ; mais me suis-je jamais refusé à reconnaître ma faute, à m'en humilier ?

3° Si j'examine dans le monde n'importe quelle position, y en a-t-il une seule qui puisse me convenir et à laquelle je me sente appelé ?

C'est ici que je reconnais que Dieu m'a marqué pour être un de ses ministres, en détournant sans cesse de mon esprit tout attrait pour toute fonction dans le monde, ne me laissant dans le cœur, aujourd'hui encore, un seul désir, celui de m'engager au service de l'Eglise, d'être le serviteur de mes frères ; puis-je dire le contraire sans arrière-pensée ? Non, sans quoi je compromettrais et mon existence en ce monde et peut-être mon éternité.

4° D'où vient qu'aujourd'hui je me trouve dans une position si fâcheuse ?

Je le répète, la main de Dieu me frappe, signe évident qu'il ne m'a pas abandonné ; elle me frappe pour m'avertir de rentrer en moi-même, d'examiner ma faute, de la confesser, d'en concevoir de la douleur, d'en solliciter le pardon ; enfin elle me frappe pour m'humilier en me faisant comprendre mon inexpérience ; une faute grave évidemment m'a disgracié de tous ceux qui m'environnent.

5° Que penser de mes études ; qu'ont-elles prouvé jusqu'à ce jour à mes supérieurs ?

Mes études, je les commençai vraiment avec succès ; la médiocrité encore a pris place, et je la dois certainement à un orgueil qui me démontre aujourd'hui ce que je deviendrais si je ne mets ordre à ma conscience ; mes supérieurs, je le crois, se sont basés en partie là-dessus pour mon exclusion du petit séminaire ; ont-ils eu tort ? J'avoue que non, et s'il m'était donné de causer avec eux sur ce sujet, j'avouerai avec la même franchise que j'ai eu l'année dernière pour professeur un homme qui ne me convenait nullement par le peu d'ouverture et de liberté que j'avais avec lui ; de là vient qu'un certain découragement a rendu une année médiocre d'excellente qu'elle aurait dû être ; elle m'a été tellement funeste qu'elle m'a laissé dans le cœur quelques craintes pour l'avenir.

6° Puisque tout en ce moment me trahit, mes études sans succès remarquable, ma conduite elle-même, si toutefois j'en excepte ma conscience, qui, sans cesse, me dit que je ne puis sans me compromettre embrasser une autre carrière que le sacerdoce,

Que conclure de là ?

Si Dieu m'appelle, il me fournira les moyens de poursuivre avec une facilité ordinaire des études heureusement commencées ; je réparerai par une conduite toute autre que celle du passé des fautes certainement dangereuses pour mon éternité ; je conserverai dans mon cœur une reconnaissance tout à fait particulière pour les personnes que Dieu m'a procurées pour m'aider à faire son œuvre ; enfin je m'engage de nouveau à correspondre avec une extrême fidélité à sa grâce, afin que, si c'est sa volonté, je sois un jour un prêtre selon son cœur.

Maintenant, mon Dieu, je dépose, comme vous le voyez, entre les mains d'un ministre sage et éclairé mon avenir, mon éternité, et, selon qu'il m'aura jugé d'après ce que je viens de lui faire connaître, je me soumettrai ; s'il m'engage à rester dans le monde, j'y resterai, mais avec la condition que je me démets de ma vocation et qu'il ne m'en sera demandé nul compte au tribunal de mon Dieu.

L. V.

Novembre 44.

Cette lettre, que j'adressai à M. Lartigue, parut lui faire beaucoup de plaisir, et dès lors il prit ma cause et s'en chargea d'une manière toute particulière.

J'eus le bonheur de vous être présenté de sa main, et, dès cet instant, vous savez combien nous nous sommes compris.

Qu'il fut beau pour moi le moment où vous m'avez reçu dans votre maison (c'était le 1er décembre 44, onze heures du matin).

L'autel, devant lequel je me prosternai pour la première fois, a été témoin de ma profonde reconnaissance pour Notre-Seigneur, la très-sainte Vierge, et des vœux que je formais pour vous, Monsieur le supérieur.

Il est maintenant à propos de vous faire connaître si je suis heureux de vivre avec vous. Oui, depuis sept mois que je suis ici, j'ai goûté un vrai bonheur. Ordinairement après quelques violentes tempêtes reviennent quelques jours de beau temps ; c'est précisément ce qui s'est opéré en ma faveur. Notre-Seigneur s'est plu, pour ainsi dire, à se montrer à moi avec la douceur d'une mère pour son enfant ; j'y ai pensé tous les jours ; tous les jours, il semble me presser davantage pour m'inviter à m'armer de l'esprit de force pour acquérir toutes sortes de vertus ; mon plus grand désir est de correspondre à une telle invitation, et pour mon cœur, ce mot : Je désire, ne peut lui suffire ; il lui faut cette forte expression : Je veux.

Oui, je le veux, mon Dieu, me rapprocher de plus en plus de votre sublime majesté, pour n'être pas trop effrayé au jour où vous me marquerez de l'onction sainte. Il faut du courage, vous m'en donnerez ; il faut combattre, je vous invoquerai et vous viendrez me secourir ; en un mot, c'est le moment (il me semble qu'il ne serait plus temps dans quelques semaines, dans quelques mois), c'est le moment d'en prendre généreusement mon parti.

Mais, ô Dieu d'amour ! vous voyez le fond de mon cœur, vous voyez ce désir ardent de donner chaque jour quelques-uns de mes instants à une méditation profonde ; c'est une soif dont je suis dévoré et que je ne puis que faiblement satisfaire. Vous viendrez, j'espère, à mon secours, et les vacances que vous me promettez verront, j'espère, de nombreux moments consacrés à m'entretenir avec le cœur de mon divin Maître.

Telles sont les grâces spéciales que j'ai reçues depuis mon séjour avec vous, Monsieur le supérieur ; mais le Seigneur a voulu encore m'en accorder d'autres auxquelles j'attache un prix inestimable : votre affection, Monsieur le supérieur, et celle d'un de mes condisciples dont le nom et le cœur vous sont bien chers, c'est Louis G... Je vais, en peu de mots, vous dire quelles ont été les premières apparences de cette amitié véritable, de cette affection sincère à laquelle nous avons donné l'éternité pour durée. Du reste, vous pourrez juger par la lettre que je lui ai adressée à ce sujet et à la réponse qu'il a bien voulu me faire, que nous sommes tout à fait résolus, quoi qu'il arrive, de vivre en bonne intelligence.

Je commence donc :

Il y avait peu de temps que j'étais dans la maison (c'était vers le 10 ou 12 décembre dernier), lorsqu'à une récréation du goûter où je me trouvais seul, Louis m'aborda en riant et me dit : Je voudrais bien causer un peu avec vous ; je lui répondis : Ce sera avec plaisir ; et, en effet, nous nous prîmes par le bras et nous nous promenâmes environ un quart d'heure. La conversation, je ne sais comment, tomba sur la piété ; je m'informai des élèves qui paraissaient être les plus pieux, de ceux qui avaient goûté les douceurs de cette vertu et qui l'avaient mise de côté, etc. Le fait est que nous ne nous sommes quittés qu'à regret, et qu'après avoir résolu de tâcher, chacun de notre côté, de regagner les uns, de nous animer avec les autres, et même nous nous étions promis le lendemain, où nous devions communier tous deux, de fixer quelques plaisirs, quelques petits exercices de piété que nous ferions à certains jours pour attirer la bénédiction de Dieu sur cette petite entreprise. (Que n'avons-nous été fidèles à une telle résolution !) Pour moi, j'y ai toujours pensé, et mes projets à ce sujet ne se sont pas tout à fait évanouis. Plaise à Dieu qu'à la rentrée prochaine, après avoir arrêté pendant mes vacances, dans mes moments de recueillement, tous les moyens que je dois employer pour parvenir à mon but, et de commencer à être un apôtre zélé.

Je sens le besoin de servir le bon Dieu de tout mon cœur ; que je voudrais que Louis me fît part plus souvent de tels désirs ! Il est bien jeune encore, il est vrai ; qu'importe ! J'espère lui écrire quelques-unes de ces lettres qui nous uniront de plus en plus et nous animeront à la ferveur.

Voici la lettre que je lui ai écrite après avoir longtemps réfléchi à me donner un ami, car il est le premier avec lequel j'ai eu des liaisons si intimes.

4 mai 45.

Cher Louis,

L'amitié que je vous porte, depuis que j'ai le bonheur d'avoir un véritable ami, n'est fondée, veuillez bien le croire, sur rien de passager et de fragile, car je me suis donné pour règle de conduite de ne jamais rien faire légèrement, de n'agir, par conséquent, qu'après avoir consulté ma conscience, mon âme où j'ai élevé un sanctuaire à mon Dieu, que je lui ai consacré, non pour un jour, mais pour toujours, pour l'éternité. Quoique encore jeune, j'ai déjà été en butte, par ma position personnelle, à bien des épreuves de toutes sortes (l'avenir seul pourra vous les faire connaître) ; j'ai été à même de choisir entre le vice et la vertu, j'ai examiné les avantages et les pertes de l'une et l'autre voie, je les ai mises en parallèles, et j'ai pris le bon parti, dès que mon Dieu m'a donné l'intelligence, m'a fait la grâce inestimable de réfléchir et de penser, c'est-à-dire dès le premier moment qu'il a eu l'empire de mon cœur, dès le jour de ma première communion, jour à jamais grand, jour de joie, de bonheur, jour où j'ai jeté les fondements d'un grand édifice. Car je ne saurais vous cacher cette pensée, cher Louis, qui sans cesse me poursuit depuis huit ans, pensée qui m'a fait verser bien des larmes. C'est que j'ai senti au-dedans de moi que le Seigneur m'appelait à quelque chose de grand. Oui, cette pensée m'a poursuivi constamment, et lorsque je me considère, lorsque je mesure mes forces avec ces fonctions que je crois remplir un jour (fonctions que je ne puis encore que soupçonner), je gémis, je verse des larmes abondantes, les trouvant si faibles. Et si la divine grâce de mon Dieu ne venait relever mon courage, bien des fois déjà j'aurais, comme le dit le proverbe, jeté le manche après la cognée. J'ai compris qu'il fallait du courage, et, grâces à Dieu, notre bon maître l'augmente, l'éclaire et le fortifie tous les jours.

Ainsi donc, pour en venir à mon but, notre amitié, je vous l'ai déjà dit bien des fois, ne doit pas être quelque chose en l'air, un caprice d'un moment ; ce n'est pas ainsi que j'entends les choses. S'il en était autrement, si votre cœur ne répondait pas au mien, il faudrait à l'instant même cesser entre nous toutes communications, nous regarder toujours comme bons amis, mais pas plus.

Ainsi, cher Louis, c'est pour vous inviter à y songer un peu que je vous ai écrit ces paroles et que je vous le répète, si, dès l'instant où vous aurez réfléchi sérieusement (entendez bien ce mot sérieusement), vous me dites que vous voyez quelques obstacles pour l'avenir, cessons à l'instant même, parce que des amis, veuillez me comprendre, oui, des amis, on ne s'en fait pas tous les jours, on n'en trouve pas quand l'on veut; le cœur, les pensées, la volonté s'adaptent rarement avec ceux que l'on rencontre; c'est enfin sur le cœur de Jésus-Christ, en contact avec la lumière du Saint-Esprit, que je veux la fonder cette amitié. La piété devra en être le plus bel ornement, elle devra être inébranlable de part et d'autre, ou sinon je ne consens à rien.

Cher Louis, je n'ai consulté qui que ce soit sur le choix de mes amis. Du reste, ce n'est pas un reproche que l'on peut me faire sous ce rapport, parce que je n'en ai trouvé encore aucun, et que personne ne peut disposer de mes affections et de mon cœur; j'en suis le seul maître après Dieu. Votre position à cet égard est la même que la mienne; il n'y a rien qui tienne, vous seul répondez. Je vous attends à votre prochaine communion, au jour de la Pentecôte. (Si c'était une amitié qui pût vous entraîner dans le mal, oh! alors il serait très-sage et très-prudent de votre part de consulter quelqu'un; mais, comme vous pouvez être certain que ce ne sont pas là mes principes, je demande que vous agissiez par vous-même.)

Je vous attends donc au jour de la Pentecôte. Pour cela je vous engage, chaque jour de cette semaine, à réciter, matin et soir, l'hymne admirable du *Veni Creator*, etc., comme préparation à la descente de Saint-Esprit dans nos cœurs. De mon côté, je ferai tout ce qui dépendra de moi pour que ce jour, si votre réponse m'est favorable, nous nous jurions un amour, une fidélité inébranlable sur le cœur brûlant de Jésus-Christ.

La très-sainte Vierge, cher Louis, que nous ne devons jamais oublier, d'abord parce qu'elle est notre mère commune, et qu'un jour nous nous réunirons, je l'espère, autour de son trône, sera le doux lien, la chaîne qui nous unira pour toujours au cœur de Jésus.

Quoi qu'il arrive, chacun de notre côté, que rien ne nous sépare jamais, sans en excepter la mort; établissons quelque chose qu'elle ne pourra détruire. Voici ce que j'étais bien aise de vous communiquer; voici l'amour que je vous porte, orgueilleux presque de vous aimer, parce que Jésus-Christ va bientôt être la base de notre amitié.

Enfin je vous défie de trouver plus tard un ami qui vous porte plus d'attachement pour des motifs que Notre Seigneur Jésus-Christ sera content de voir régner entre nous.

Que votre âme généreuse sache me répondre d'une manière digne d'elle.

L.

Voici la réponse de Louis :

Le 10 mai 1844-45.

Cher ami (1),

Dans la lettre que vous m'avez écrite, votre cœur se dépeint si bien que je n'ai pu la lire sans être vivement ému. Je doute que la mienne produise le même effet sur vous ; cependant je ne dirai que ma pensée. Je veux ardemment confirmer tout à fait notre union par cette lettre. Mais, plaise au Ciel, si nous devons jamais nous séparer, que nous ne nous unissions pas. Je pense que le but qui nous rapproche est un but assez solide pour qu'il résiste aux tempêtes. Notre union doit donc être dans Jésus-Christ et pour Jésus-Christ qui s'est sacrifié pour nous, et qui, malgré nos péchés, veut bien venir dans notre cœur et y envoie le Saint-Esprit. Que cela se réalise !

Louis G.
Votre frère en Jésus-Chrit qui vous aime.

A demain.

Je lui ai dit que je n'y trouvais pas cette précision que j'attendais et que, par conséquent, il fallait remettre pour l'avenir l'union que nous voulions contracter.

Je lui dis qu'il n'avait probablement pas assez réfléchi, et, en effet, il me l'a avoué sincèrement, ce qui m'a fait un très-grand plaisir ; alors il m'exprima le regret qu'il avait que je veuille confier à l'avenir ce qui lui ferait un plaisir si sensible ; il me demanda huit autre jours pour y penser sérieusement ; je les lui accordai très-volontiers. Les huit jours écou-

____

(1) Cette lettre est sur une feuille à part et de la main de L. G...

lés, c'était le jour où M. Lafond disait sa première messe, il vint me trouver après le déjeûner et me fit part du court mais agréable entretien qu'il avait eu avec vous, en revenant de la chapelle, après notre action de grâce.

Ceci me fait un vrai plaisir, d'autant plus que vous sachiez que nous nous aimions véritablement et que vous approuviez tous les rapports que nous pouvions avoir.

JOUR DE LA PENTECOTE (1).

11 mai 1845.

C'est donc en ce jour mémorable, jour de la fondation de l'Eglise de Jésus-Christ, où nous venons nous prosterner devant ce tabernacle sacré, pour, nous aussi, jeter les fondements de quelque chose de durable. Commençons par nous offrir entièrement à notre divin Maître, demandons-lui qu'il veuille bien voir un jour en nous des apôtres pleins de ferveur et de zèle. Que les flammes du divin Esprit soient toujours celles qui nous animent, qui nous unissent, qui nous fortifient. Que sur la base de cette amitié que nous nous jurons, reposent les douces vertus d'humilité, de charité, de douceur, et par dessus toutes, celle que l'on appelle la sainte vertu.

En un mot, mourons à nous-mêmes, ne vivons plus pour nous; que la divine charité de notre Dieu nous anime seulement pour lui, pour les âmes que nous sommes destinés à conduire dans le chemin de la vie éternelle. Oh! qu'il est beau et noble ce désintéressement qui fait qu'on s'oublie soi-même! Que la générosité est grande et sublime! Humilions-nous profondément, parce qu'en mettant dans nos cœurs de tels sentiments, Dieu nous a fait une grâce dont nous étions tout à fait indignes.

O Marie, vous qui nous couronnez dans le séjour de la gloire, rappelez-nous, lorsque nous serons aux pieds de votre trône, ce doux moment de notre consécration. L'ardeur qui

(1) Cette formule de consécration de la main de L. Verger est aussi sur une feuille à part, derrière laquelle on lit : *Précieux souvenir si nous sommes fidèles !* — Hélas !

nous anime puisse-t-elle être le motif qui nous conduira à notre perfection !

Telles sont, Monsieur le supérieur, les choses qui sont venues tour à tour me préoccuper depuis près d'une année, heureux si j'obtenais votre approbation !

Je veux finir en vous offrant mon cœur, afin que vous en connaissiez toute la profondeur.

Il est un fait certain, c'est que je vous aime autant qu'une créature en peut aimer une autre, c'est-à-dire que les grands sacrifices ne sont rien pour moi, dès qu'il s'agit de vous et que je me donne tout à vous pour que vous soyez tout à la fois mon directeur et mon père.

Ce que je vous demande seulement, c'est de me traiter avec tous les égards que demande une position par rapport à ma famille généralement chrétienne, mais ne pratiquant pas des devoirs si doux au cœur de l'homme.

Je ne vous apporte rien autre chose que mon cœur qui est à vous pour l'éternité.

Louis VERGER.

Ce 1er juin 1845.

AUTRES DOCUMENTS.

Nous sommes le 13 janvier, et dans quatre jours, à pareille heure, l'accusé sera devant ses juges. Je me croyais au bout de ma tâche précipitée. Mais ceux qui ont déjà pu lire les pages qui respirent une piété si touchante, sont restés interdits, sans voix, des larmes dans la paupière et saisis d'un nouvel effroi. Ah! comment, s'écriaient-ils, l'or pur s'est-il obscurci et décoloré? *Quomodo obscuratum est aurum, mutatus est color optimus?*

Ils me pressaient de leur dire et l'époque et les causes d'une si épouvantable chute, d'interroger mes souvenirs, de rechercher soigneusement les quelques lettres, les rares lettres, que Verger m'écrivit depuis notre séparation (octobre 1846). Je me rappelais aussi ces graves paroles de Mgr Dupanloup :

« Il ne serait pas expédient, quand de tels malheurs ont éclaté, de les effacer de l'histoire. Mieux vaut méditer tout ce qui doit être médité. »

La méditation la plus naturelle, après ce qu'on vient de lire, est bien l'étonnante parole de Mgr Dupanloup lui-même : « Je l'ai renvoyé parce qu'il était trop parfait. »

Quand Verger me remit ce cahier, si je l'avais bien *médité*, je me serais peut-être élevé jusqu'à la haute sagesse de ses premiers maîtres.

Il est manifeste que tout cela était trop beau, trop pieux, et par conséquent effrayant.

Cette ardeur interne qui consumait sous de la froide écorce d'une régularité géométrique cette âme retirée en elle-même, cette vapeur qui se condensait sans issue était menaçante lors même que le parcours était encore suivi.

Je remarque dans l'autographe de Verger que dès lors il ne dormait plus. Il se révèle a nous, méditant, écrivant jusqu'à une heure du matin. Cette révélation serait peut-être l'aperçu lumineux, bien plutôt que le vol chimérique dont on a occupé le public.

J'ai dit encore, sans y réfléchir alors, qu'il se levait durant les vacances avant le jour, avec une régularité qui supposait l'habitude de l'insomnie.

Or, nous savons tous par expérience à quel point une nuit de surexcitation fébrile exalte l'imagination, affaiblit le jugement et tend à détruire l'équilibre des facultés. Et cette perturbation même tend à éloigner le sommeil ; cercle vicieux, réaction effrayante du mal sur sa cause et de la cause sur le mal. — Il n'est pas naturel qu'un jeune homme veille.

J'avouerai donc que, selon ma pensée personnelle, le germe invisible du mal remonte aux plus beaux jours que je me suis plu jusqu'ici à mettre en lumière. N'avons-nous jamais vu un arbre encore revêtu de verdure et déjà atteint au cœur par le ver rongeur qui a su sourdement s'y introduire ' Trop souvent, hélas ! la jeunesse s'épanouit encore dans toute sa fraîcheur, la santé brille encore de tout son éclat, que déjà l'invisible messager de la mort est venu marquer sa place au foyer de la vie.

Verger prenait feu pour tout avec la même incandescence ; et malheureusement toute exaltation n'est pas aussi inoffensive que l'exaltation religieuse.

Verger allait à l'école de Jésus-Christ, et c'est là qu'il a trouvé ces grandes et nobles choses qui embellissent les pages que nous avons lues ; mais il était convié en même temps chaque jour à une école bien différente, celles des classiques. Dans l'une il apprenait l'humilité, la mansuétude, la résignation, l'abnégation, le pardon des injures, le dévouement ; dans l'autre il voyait en scène l'orgueil, la férocité, la vengeance, l'impitoyable égoïsme : Il savoura les vérités de l'Evangile, mais il admira aussi les mensonges de la Grèce et de Rome ; il s'éprit des vérités saintes, mais il s'exalta des folles harangues des tribuns classiques. Il voulut imiter nos saints, nos martyrs, nos apôtres, mais dès lors il trouvait un beau type dans les Jugurtha, les Brutus et leurs défenseurs.

Voici en effet un autre autographe de la même main, du même temps, j'ai besoin de le redire, et c'est..... l'apologie de l'assassinat.

Quand vous l'aurez médité, vous aurez la clef de plus d'un mystère. Vous ne vous étonnerez plus que dans ces derniers temps Verger ait suivi avec une sorte de passion les procès célèbres des empoisonneurs et des assassins ; qu'il se soit fait auditeur assidu aux cours d'assises, s'ingérant lui-même avec scandale dans la défense des empoisonneurs et des homicides, et s'indignant contre les jurés pusillanimes et les magistrats avilis qui ne se rendaient pas au pouvoir de son éloquence et ne prononçaient pas la glorification du forfait avec la mâle fierté des anciens Romains. Il y avait bien longtemps qu'il rêvait ce rôle, qu'il se drapait à plaisir dans la toge de l'orateur, faisant tomber la sentence de la main des juges.

Dès lors il n'est plus étonnant qu'il ait rejeté avec un dédain superbe l'office d'un défenseur ; qu'il ait demandé à plaider lui-même sa cause, exprimant la certitude d'être acquitté si on voulait seulement l'entendre. Sans doute, il y a dans ce langage l'aberration du moment, la folie de récente date que le tribunal appréciera dans sa haute sagesse, et, nous l'espérons, dans sa *pitié*. Mais toute folie porte l'empreinte de quelque antécédent, et dans l'inexplicable extravagance du pauvre insensé il se retrouve aussi quelque chose du passé classique que nous discutons.

Je le surprends, en effet, dès 1844-45, en apprentissage de plaidoyer pour les assassins ; il n'est pas douteux pour moi que la gloire des Brutus ait fermenté dans cette tête ardente dès le *de Viris illustribus U. Romœ*, et qu'il n'ait nourri son admiration des hauts faits des César et des Erostrate, n'en déplaise à l'assimilation ; et sur ce point la conjecture du *Droit* (7 janvier) n'a pas failli, ce me semble. Toutefois je n'ai pas le droit de remonter aussi haut dans la vie de Verger, et je me borne à ce que j'ai le moyen de constater.

Je lis, dès la troisième page d'un manuscrit dont j'avais jusqu'à ce jour méconnu l'importance :

« Je dois réfuter des objections rebattues,... répétées par les factieux,... reproduites enfin aujourd'hui par les accusateurs...

« Ils prétendent qu'*on ne peut laisser le jour à celui qui s'avoue l'auteur d'un meurtre !*

« Mais dans quelle ville ces insensés élèvent-ils ce doute ? Dans cette ville qui leur offre l'exemple du valeureux Horace, absous par les suffrages du peuple, même avant l'ère de la liberté romaine, quoiqu'il avouât avoir tué sa sœur de sa propre main. Qui ne sait que lorsqu'il s'agit de se défendre de l'accusation d'un meurtre, on est dans l'usage de le nier ou de soutenir qu'il est légitime ? A moins que Scipion l'Africain ne fût un insensé lorsqu'interrogé insolemment dans une assemblée par un tribun du peuple sur ce qu'il pensait de la mort de Tiberius Gracchus, il lui répondit qu'elle lui paraissait méritée. Eh ! comment absoudre Servilius Ahala, Nasica, Opimius, Marius et le Sénat lui-même sous mon consulat, si c'est un crime de donner la mort aux citoyens pervers ? Ainsi c'est avec raison que de judicieux écrivains ont consacré, quoique dans des récits fabuleux, que celui qui, pour venger son père, avait égorgé sa mère, ayant partagé l'opinion des hommes, fut absous par le jugement, je ne dis pas d'une divinité, mais de la plus sage des déesses... Mais s'il est des circonstances où un meurtre peut être légitime (et elles ne sont pas rares), certes il devient juste et même nécessaire lorsqu'il s'agit de repousser la force par la force. Dans l'armée de Marius un tribun militaire, parent de ce général, fut tué par un jeune soldat, à l'honneur duquel il avait attenté ; ce jeune homme préféra risquer sa vie que de souffrir cet affront, et ce grand homme le renvoya après l'avoir déchargé de son crime...

« Les ennemis de M... ont souvent publié que le meurtre de C... était un attentat contre la République ; mais le Sénat, loin de le décider ainsi, a toujours manifesté pour cette cause les plus favorables dispositions. Combien de fois, en effet, l'avons-nous agitée dans son sein ? et quels témoignages éclatants n'avons-nous pas reçus de son approbation ! à peine, dans les assemblées les plus nombreuses, s'est-il trouvé quatre ou cinq sénateurs qui condamnassent la conduite de Milon. Vous en avez la preuve dans les harangues de ce tribun, etc.

« Mais, dit-on, Pompée a prononcé sur le fait et sur le droit en statuant sur l'attentat commis dans le chemin d'Appius où C... a été tué. Qu'a-t-il donc ordonné ? Qu'on informât ! sur quoi ?... Le fait? il est constant. L'auteur? il est connu. Pompée a donc senti qu'en avouant le fait, on pouvait examiner le droit. S'il avait pensé qu'il n'est pas permis d'absoudre celui qui s'avoue l'auteur d'un meurtre, il ne vous aurait point remis le double pouvoir d'absoudre et de condamner. Mais Pompée, loin qu'il ait décidé rien de contraire à M..., me paraît vous avoir indiqué la question que vous devez juger : car, dès que, malgré notre aveu, il nous a permis de nous défendre au lieu de nous punir, il a reconnu qu'il fallait s'occuper de *la cause* du meurtre plutôt que du meurtre lui-même, etc. »

Et ainsi trente autres pages, écrites avec tout l'entrain de l'éloquence, pour justifier par la subtilité le sophisme et le mensonge, l'assassin Milon du meurtre très-volontaire de Clodius. Mais, me direz-vous, ce plaidoyer est de Cicéron et non pas de l'élève qui s'est borné à le traduire.

— Je ne dresse pas un réquisitoire contre l'élève, je le plains profondément d'avoir eu à méditer de pareilles choses, d'avoir été jeté, avec son âme ardente, son imagination inflammable, dans de pareils sujets.

—Vous vous faites illusion, me répondrez-vous : beaucoup d'autres ont expliqué le discours pour Milon, et ne sont pas devenus pour cela des imitateurs de Milon.

— Dieu en soit loué, je vous assure. Ces dangers sont très-relatifs, je l'avoue et dépendent grandement de la tournure des intelligences, de l'incandescence des imaginations, de la vivacité des caractères. Tel enfant lira impunément les naufrages célèbres, tel autre s'y passionnera pour la mer, les tempêtes et les périls. Nous entendions naguère, à la barre, un père invectivant contre Robinson Crusoé, le vrai coupable, à son dire, des aberrations de son fils.

Les auteurs païens recèlent un poison, par la seule raison qu'ils prêchent le naturalisme et l'autonomie de l'homme. Ils autorisent chacun à se satisfaire, et chacun en exprime le suc vénéneux analogue à sa passion, à son instinct dominant. La plupart trouvent leur contentement dans la satisfaction des sens, la volupté, la jouissance des biens de la terre. D'autres goûtent davantage les satisfactions de l'orgueil, les triomphes de la vanité, et s'immoleraient sans regret pour les honneurs de l'immortalité ou les délices de la vengeance. Verger n'était point une âme sensuelle et vulnérable du côté du matérialisme, l'enquête faite sur ses mœurs l'a établi; mais, en revanche, il était accessible aux illusions d'apparence généreuse et à certains vices que les auteurs ascétiques appellent *spirituels*. En contact avec le paganisme, il en a pris ce qui répondait à sa nature, ce qui s'assimilait à sa constitution.

Tous les traités de rhétorique lui vantaient Cicéron comme le prince des orateurs, assis avec Demosthène sur un trône de gloire planant au-dessus des siècles. Ne sait-on pas que Thucydide, à huit ans, pleura de la gloire d'Hérodote? Il rêvait donc déjà l'immortalité. Que de rêves semblables ignorés de l'histoire! Et si l'on montre à ces ambitions audacieuses la possibilité du succès, elles s'exaltent jusqu'à la folie de l'espérance.

Je lis de la main de Verger, à la suite de l'essai insensé d'éloquence que nous verrons tout à l'heure, ces lignes frappantes : « Demosthène est d'autant plus admirable qu'il s'est donné, qu'il s'est fait présent de ce que la nature lui avait refusé ; il était né bègue, et, à force de travail, il devint ce qu'il fut, c'est-à-dire le plus grand des orateurs. Aussi doit-il être cité comme modèle à tous ceux qui sentent, comme lui, un peu de feu sacré dans leur poitrine, et qui n'auraient besoin que d'user de ses moyens pour arriver au but qu'ils se proposent.

Est-ce significatif? Ainsi voilà Verger sourdement entiché de l'espoir de devenir un Demosthène, et d'abord un Cicéron, modèle plus à sa portée.

Or, quel était le discours par lequel Cicéron avait mérité sa gloire, sa harangue triomphante, son chef-d'œuvre enfin? Les admirateurs raffinés de l'antiquité nomment le fameux *Pro Milone*, discours d'écolier pourtant et tout propre à égarer le talent comme le sens moral ; mais comment douter du bon goût de tant d'admirateurs qui vantent l'antiquité? Verger était croyant et enthousiaste ; il ne songea qu'à imiter et calquer le chef-d'œuvre, et pour cela il fit choix d'un sujet analogue, la défense d'un meurtrier. Or, parmi les assassins célèbres d'autrefois, il en est un qui dresse la tête au-dessus de tous, c'est le trop célèbre Jugurtha, c'est à celui-là que Verger s'attaqua, c'est lui qu'il prit pour client. Le voilà donc à l'œuvre, fabricant une Milonienne, ou plutôt une Jugurthinienne pour le Sénat de Rome.

Est-on curieux de connaître jusqu'où s'éleva sur les ailes du grand orateur l'éloquence de l'ambitieux disciple? je suis en mesure de satisfaire cette envie. Voici l'essai autographe :

LES DÉPUTÉS DE JUGURTHA JUSTIFIENT L'USURPATION DE CE PRINCE DEVANT LE SÉNAT.

« Nous ne formalisons pas, pères conscrits, des invectives qu'Aderbal vient de lancer contre nous en vous faisant le récit de ses malheurs : car pourrions-nous trouver mauvais le zèle qu'on apporte ordinairement lorsqu'on a de grands intérêts à soutenir? Ne serait-ce pas, lors même que vous jugeriez notre cause favorablement, le cas de nous mettre en état de nous pouvoir défendre? — Non, que les dieux nous préservent de l'injustice. — Et si vous avez prêté une oreille attentive aux réclamations d'Aderbal, si vous les trouvez légitimes, nous vous prions de nous accorder la même faveur, assurés par avance de trouver dans votre sagesse et votre intégrité une sentence favorable à la cause que nous servons. »

Mais l'époque reculée où L. Verger plaçait sa harangue offrait à son éloquence plusieurs obstacles. Il connaissait peu les us et coutumes de ces temps antiques. La procédure du droit romain ne lui était pas familière. A quoi bon d'ailleurs s'adresser au Sénat romain défunt depuis longtemps? Il valait mieux briller avec ses contemporains. Verger se fit donc un Berryer après avoir été Cicéron.

Il se chosit une cause de fantaisie, et le voici pérorant :

AUTOGRAPHE DE L. VERGER.

Acte d'enquête dressé conformément aux lois de notre justice, pour poursuivre le meurtre commis le premier jour de l'année 1836 sur la personne de M. Émile de la Rochelle.

Exorde. — Messieurs, le réquisitoire dont je viens en ce jour pour faire la lecture est d'autant plus capable de vous éclairer sur le sort de l'accusé ici présent, que le fait en question a été poursuivi selon toute la rigueur de notre justice. Nous sommes entré dans les détails les plus circonstanciés et avons découvert les éclaircissements suivants relativement au meurtre ci-dessus désigné :

M. Arthur de Quinquinal, présentement soumis à notre juridiction pour cause de meurtre sur la personne de M. Emile de la Rochelle, se trouvait, en 1833, avec ce dernier à l'école militaire de saint-Cyr. Etant à même de se voir souvent, MM. Arthur et Emile contractèrent des liens d'amitié : la nature du reste s'était plue à réunir chez eux mêmes inclinations, mêmes qualités, mêmes défauts. Deux années s'étaient passées dans les meilleurs rapports. Ils causaient ensemble, partageaient leurs plaisirs, leurs peines, en d'autres termes, vivaient en frères ; car, à les entendre, leur union devait être éternelle ; rien ne pourrait les désunir.

Mais, par malheur, cet amour passionné devait bientôt se convertir en une haine implacable. Voici ce qui en fut la cause :

M. Arthur, que ses talents et ses capacités avaient rendu recommandable, fut promu au grade de lieutenant, que briguait depuis longtemps M. Emile de la Rochelle. Il a été à remarquer que ce fut à partir de cette époque que leurs conversations devinrent de plus en plus rares ; et se voyaient-ils un instant, qu'une sorte de dédain, une froideur incompréhensible se peignaient dans les traits de M. Emile. La jalousie s'était emparée de son cœur. M. Arthur voyant la conduite de son ami, s'en affligea beaucoup, espérant toutefois qu'elle ne serait que momentanée. Vaine espérance : cet air froid et indifférent de la part de M. Emile parvint à un tel degré, qu'il ne fut plus supportable.

Cette espèce de muet combat, qui ne cessait pas de porter de funestes coups, devait être le prélude d'une lutte bien plus terrible. Tout conspirait pour vaincre la vertu de M. Arthur. Mais son courage, loin de s'abattre, semblait s'animer d'une nouvelle ardeur, tellement qu'il alla jusqu'à proposer à son ami une partie de plaisir, qui devait avoir pour but de rallumer les feux de leur ancienne amitié. Celui-ci, comme formalisé de cet ordre, d'un ton irrité et insolent, lui refusa, sans alléguer de motifs. Dès lors, c'en était fait, tout lien était rompu ; la haine venait de succéder à l'amour, le courroux à la patience : il fallait du sang ; et demander du sang, c'était vouloir s'arracher la vie.

Néanmoins, de part et d'autre, on se supporta encore pendant huit mois ; mais le regard menaçant qu'ils se lançaient réciproquement quand ils s'apercevaient, indiquait assez que la première occasion où ils pourraient se venger serait la meilleure. Ils ne voulaient pas la chercher, dans la crainte de se couvrir d'une tache que la mort même ne pourrait effacer. Ils voulaient qu'elle se présentât d'elle-même ; et en effet, c'est ce qui eut lieu. Un jour qu'ils étaient sortis chacun de son côté, ils se rencontrèrent par hasard dans un lieu isolé, où leur plus grand empressement, tant ils étaient ennemis, fut de se précipiter l'un sur l'autre pour vider leur différend. La querelle finit effectivement avec la mort de M. Emile de la Rochelle. Voilà comme se sont passés les faits. Et maintenant que le meurtre est incontestable, je viens, avec tous les pouvoirs de mes fonctions, la loi à la main, demander à M. Arthur de Quinquinal en vertu de quel droit il s'est rendu coupable du délit qui l'amène aujourd'hui à notre barre. Je réclame hautement justice, et justice doit être et sera rendue.

APOLOGIE DU JUSTICIABLE, SUITE DE L'AUTOGRAPHE.

Exorde. — Ce n'est pas la première fois, Messieurs, que je comparais à cette barre pour prendre la parole en faveur de nombreux clients que la concurrence, l'envie, la haine, avaient flétris. Traduits devant ce tribunal, il semblait aux premiers chefs d'accusation, et avant que vous n'ayez encore rien prononcé, que leur perte était infaillible. Et cependant, comment sont-ils sortis de ces débats ? Quel n'a pas été leur triomphe ? N'ont-ils pas montré jusqu'à l'évidence que les crimes qu'on leur imputait n'étaient pas les leurs, mais ceux mêmes de leurs adversaires ? Vous avez donc été à même de juger, dans l'audition des parties, les motifs qui m'animaient. Vous avez vu que jusqu'ici je ne m'étais proposé que de défendre l'innocence opprimée, d'écarter de mes amis le danger qui planait sur leur tête. Et je viendrais, maintenant dans l'affaire de la plus haute importance et où il y va non seulement de la vie d'un homme, mais encore de l'honneur d'un grand nom, je viendrais, dis-je, changer tout à coup mes principes et ma conduite, pour embrasser un parti qui indisposerait contre moi les esprits de ce nombreux auditoire! Ah! Messieurs, il faudrait que je fusse bien ennemi de moi-même pour avoir seulement l'ombre de cette pensée; et si jamais j'avais lieu de m'en repentir, ce serait certainement trop tard et bien inutilement, connaissant d'avance qu'il n'y a point de pardon pour ces sortes de fautes; car, bien qu'on ait quelquefois de l'indulgence pour une inadvertance, jamais on n'en trouve pour un abus de la confiance publique. C'est donc sous cette impression que j'entreprends de défendre M. Arthur. Mais, avant de ne rien dire, je me hâte de répondre aux griefs que vient de faire valoir M. l'avocat-général.

Préparation à la cause. — M. l'avocat-général fait un crime à M. Arthur d'avoir 1° sympathisé avec M. Emile, parce que son caractère avait quelque chose de plus sérieux que celui de ce dernier; 2° d'être demeuré uni à M. Emile, tandis qu'il pouvait rompre avant de donner lieu à des suites fâcheuses; 3° enfin de s'être laissé aller au délit qui l'amène aujourd'hui devant votre tribunal?

Réfutation. — Quoi! a-t-on jamais vu qu'il était défendu d'aimer quelqu'un? Y a-t-il une loi chez un seul peuple de l'univers contre les liens qui unissent les hommes entre eux? Ne tendent-elles pas toutes, au contraire, à composer une société polie, à faire régner partout la paix et la concorde? Et où trouve-t-on ces avantages, sinon dans l'amour; l'amour que la nature a mis au cœur de l'homme? Car sans l'amour, point de pères, point de mères, de frères, d'amis; mais partout des cœurs sauvages, partout des cœurs avides de carnage et de sang, partout désunion, partout de mortels ennemis. Encore, si vous vous borniez là! mais vous allez jusqu'à reprocher à un cœur d'être invincible dans le malheur! (et en est-il de plus grand que celui de se voir méprisé par un ami?) Vous, je vous le demande, Messieurs, n'est-ce pas s'en prendre aux sentiments les plus nobles, les attaquer, les désavouer? N'est-ce pas dire à un citoyen: Vous avez l'âme trop grande, et pour cela nous vous accusons, nous vous condamnons? Car qu'y a-t-il de plus précieux dans l'homme que le courage? C'est lui qui nous fait souffrir en silence les maux innombrables dont le chemin de la vie est semé ; c'est lui qui nous fait vaincre les passions qui nous agitent en tous sens; c'est lui qui nous mène au combat, qui, sur le champ de bataille, nous fait mépriser les traits de l'ennemi et remporter sur lui de glorieuses victoires. De quoi nous accusez-vous donc encore? Sera-ce d'avoir eu trop de patience? Non, je vous entends, vous le dites assez haut : vous criez contre notre délit, parce que vous prétendez qu'il n'y a point de meurtre légitime. Et cependant, quand on sympathise de bonne foi avec quelqu'un, quand non seulement on demeure uni, mais, de plus, qu'on cherche à s'unir plus étroitement pour renverser ce que la discorde aurait pu élever; quand on a du courage et de la vertu jusqu'à aimer celui qui vous hait, quand enfin on met tout en œuvre pour faire réussir une entreprise de ce genre, et qu'au lieu d'y parvenir, on se voit payé d'insolence et de la plus noire ingratitude, qui n'aurait pas fait, je vous le demande, ce dont on accuse M. Arthur? Mais j'en viens aux choses, telles qu'elles se sont passées.

MM. Arthur et Emile sympathisèrent à l'école militaire de Saint-Cyr. Il y avait déjà deux ans qu'ils étaient unis, lorsqu'un incident vint les mettre aux prises. M. Emile, soit susceptibilité, soit mépris pour son ami, ne voulut plus avoir de rapport avec lui. Cela seul aurait dû rebuter M. Arthur. Mais, croyant que ce ne serait que le caprice d'un moment, il espérait avoir la consolation de le fléchir. Vain espoir! Excès de bonté, sans doute, parce que tous les torts étaient du côté de M. Emile. Plusieurs mois se passèrent dans de vaines démarches, où M. Arthur, tantôt agissant par lui-même, tantôt faisant agir en secret ses parents et ses amis, lui faisait des avances capables de ramener ce cœur endurci. Tout était devenu inutile, lorsqu'un refus insolent vint triompher de la vertu de M. Arthur. Dès lors, les deux ennemis ne gardèrent plus de mesure. Un jour, ils se rencontrent inopinément; ils en viennent aux mains, et M. Emile, moins robuste que son rival, devient naturellement sa victime. Maintenant, Messieurs, que le fait est certain, qui d'entre vous ne serait prévenu en faveur de M. Arthur?

Où en sommes-nous? Quelle chute! quelle distance, même

au point de vue du talent, de ces pages chrétiennes qui nous attendrissaient tout à l'heure !

Littérairement, ce n'est sans doute qu'un insignifiant plagiat, une ridicule parodie. Mais la valeur artistique des œuvres respectives n'est pas ce que nous venons méditer sur la tombe de ce pontife.

La filiation d'idées est manifeste entre les folies actuelles de L. Verger et les folies d'alors. Or, une autre filiation, non moins incontestable, se révèle entre les idées du triste plagiaire et celles du merveilleux plaidoyer. Je me charge de justifier la généalogie de chaque erreur prise tour à tour. Il n'est pas, dans ce déplorable calque de l'antiquité une seule absurdité dont la paternité ne remonte au prince des orateurs : j'en appelle au froid examen de tout connaisseur.

Que conclure ? Rien, jusqu'à ce que nous sachions si cette tête était naturellement organisée ; car on ne conclut rien d'une anomalie.

Toutes les déductions sont en suspens aujourd'hui 16 janvier, comme les eaux du Jourdain, pour laisser passer le verdict, afin de prendre ensuite un cours ou un autre.

Demain nous saurons si c'était crime ou folie, si *Paris* décidément *tue ses pontifes*, si un grand forfait doit être inscrit sur les annales de notre chère France, si nous devons porter l'humiliation sur notre front devant toute l'Europe.... et devant tous les siècles, hélas !

La décision d'hommes sages, compétents, à même de tout connaître, de tout apprécier, sera la décision sans appel, inscrira un titre à ce récit de l'histoire.

Elle pèsera aussi d'un grand poids dans le procès toujours pendant des classiques.

Si Verger est un grand criminel, les accusateurs des classiques appelleront en garantie les conseillers dont on retrouve l'influence dans ses écrits ; ils diront :

« Il y a longtemps, bien longtemps, qu'on amnistie Cicéron et ses consorts en faveur de *l'élégance et des belles expressions* qu'ils sont censés nous apprendre, comme le disait déjà saint Augustin. Ne serons-nous jamais en droit de leur demander compte des *principes* qu'ils propagent ? Ne pourrons-nous jamais ramener à la véritable question les

obstinés adorateurs du paganisme? Nos réquisitoires se-
ront-ils toujours éludés, même en présence d'inculpations
aussi graves que celle que nous déférons en ce moment au
tribunal de la raison publique? Ces grands coupables seront-
ils à jamais insaisissables, couverts d'une protection inexplicable, d'une révoltante inviolabilité? Serait-ce donc que
le prince de ce monde a trop d'intérêt à leur conservation
pour les abandonner jamais? Nous ne disons pas, ajou-
teront-ils, que la littérature païenne aboutisse toujours à
des attentats, ni qu'elle trouve partout des âmes également
endommageables. L'antidote de la Sainte-Eucharistie, de
la parole de Dieu, de la grâce intérieure, est plus fort que
tous les poisons, et c'est le cas de dire que la *charité* est
plus forte que la *mort*. Ainsi Verger, après s'être prêté,
et non pas livré, à l'ordre d'idées où nous venons de le sur-
prendre, se retrouvait devant le sanctuaire pieux et fervent
lévite; là il quittait la toge du tribun et reparaissait sous la
blanche robe du néophyte. Le chrétien dominait alors et
tenait sous lui le païen. Cependant il existait bien en lui deux
hommes; comme ces deux jumeaux de Rébecca qui se heur-
taient dans son sein : *invicem collidebantur*. Et il fut dit à
cette mère : *Vous portez en vous deux nations : duæ gentes
sunt in utero tuo*. Lutte douloureuse, où l'aîné devait enfin
être asservi : *major autem serviet minori*. Et c'est ainsi
que, dans l'âme du jeune lévite, les deux cités de Jérusalem
et de Babylone se disputaient la place; et Jérusalem devait
enfin succomber. N'est-ce pas l'histoire de plusieurs autres,
qui tombent peut-être de moins haut, et, par cela seul, moins
bas? La ferveur de la foi soutient une jeune âme pendant
l'âge de la poésie et des généreux entraînements. Mais cette
ardeur sacrée s'éteint, hélas! trop vite, et la logique inexo-
rable des convictions trace pour lors à l'âme d'autres voies.
Il reste un mot de Bonaparte, prononcé sur le rocher solitaire
où il repassait sa vie. Ses souvenirs de flamme allaient,
par de là les champs de bataille, chercher dans sa première
enfance le secret du bien et du mal qui avaient partagé sa
vie : « Voyez un peu, s'écrie-t-il, la gaucherie de ceux qui
nous forment : ils devraient éloigner de nous l'idée du paganisme et de l'idolâtrie, parce que leur absurdité provoque
nos premiers raisonnements, et nous prépare à résister à la

croyance passive. Et pourtant ils nous élèvent au milieu des Grecs et des Romains, avec leurs myriades de divinités. Telle a été pour mon compte et à la lettre la marche de mon esprit. J'ai eu besoin de croire, j'ai cru ; mais ma croyance s'est trouvée heurtée, incertaine, dès que j'ai su raisonner ; et cela m'est arrivé de bonne heure, à treize ans. »

Quand nous voyons le génie lui-même fléchir sous l'ascendant de cette autorité que nous prêtons si *gauchement* au paganisme, n'avons-nous pas quelque raison de craindre qu'une tête comme celle de L. Verger en ait aussi subi l'influence ? »

Ainsi raisonneront ces hommes, et ils me diront à moi-même : N'était-ce pas sous votre direction que Verger terminait alors ses classes? — Non, répondrai-je. L'Université avait alors la direction complète et exclusive des études. Par ses programmes, elle fixait les auteurs grecs, latins et français qui devaient être expliqués et appris dans chaque classe; elle imposait jusqu'aux éditions où ces auteurs devaient être étudiés ; elle envoyait ses inspecteurs pour s'assurer s'il n'était point dérogé aux prescriptions. Après avoir surveillé toute la suite des études, au terme, elle attendait les élèves pour les juger, prenant pour unique base le programme qu'elle avait dicté. Le *Pro Milone* était un des auteurs exigés. Que pouvions-nous à cela, nous autres prêtres? *Neutraliser par de sages correctifs les tendances païennes de ces auteurs ?* Ces mots sont en toutes lettres dans mon prospectus de 1845, et je n'ai jamais négligé ce palliatif, en en proclamant l'impuissance.

Depuis quelques années, on nous laisse la faculté d'employer des livres de notre choix, et je me suis empressé, pour mon compte, d'en éditer aussitôt que cette liberté a été concédée.

Le 12 août 1855, à la distribution des prix, j'ai incriminé les livres païens avec plus de générosité que de prudence. Que pouvais-je faire de plus?

C'est ainsi que je m'excuserais. Mais je laisserais en cause tous ceux qui n'ont point été aussi loin que moi dans la répudiation des païens, et c'est beaucoup de monde.

Les parents s'imaginent que sans les païens leurs enfants arriveraient moins sûrement au succès. Or, ils ne sont pas

assez chrétiens pour aventurer le matériel en vue du spiri-
tuel. A eux donc, et à leur culte pour les intérêts terrestres,
la responsabilité, si les classiques inoculent réellement le
poison.

Dans ce système, nos bien-aimés évêques ont bien raison de proclamer la solidarité sociale pour ces lamentables attentats, sur lesquels, pourtant, il semble que nous n'avons
fait que gémir. Car voilà l'invisible fibre par laquelle un
crime individuel pourrait tenir à la société entière ?

« O Paris ! ce n'est pas toi, nous le savons, qui tues tes
Pontifes. Mais n'as-tu pas, et nous avec toi, quelque solidarité dans les forfaits qui t'ensanglantent ?

Mais toute cette argumentation tombe devant le verdict
qui certifierait que Verger n'était qu'une anomalie, et le mal
moral reste sur le compte du mal phrénologique.

Le Ciel voulait abriter Verger des périls de son orga-
nisme par le bénéfice d'une vocation spéciale que lui-même
nous a révélée. Quand l'ambition venait lui suggérer ses
premiers rêves, quand la gloire de l'éloquence venait abuser son cœur, quand la chaire de vérité pouvait déjà lui
apparaître comme une tribune et un piédestal et le monde
comme un noble théâtre, alors, nous avoue-t-il, la grâce
lui avait dit tout bas : Renonce à l'éclat ! dévoue-toi à l'obs-
curité ! enferme ton avenir dans l'étroite enceinte d'une
maison inconnue, et consacre tes belles années à l'enfance,
qui ne t'en saura aucun gré. Subis l'ingratitude, accepte la
croix, comme le Maître sur les traces duquel tu as juré de
marcher. *C'est là ton partage et pour ainsi dire la portion
de ton héritage.* Lui avait longtemps dit : Non, Seigneur !...
je ne vouerai point mes labeurs à ce sol ingrat et stérile.
Pourtant, la voix intérieure fut à la fin écoutée ; le calice se
fit accepter, le sacrifice fut consommé dans la préparation
du cœur, et le cahier remis spontanément par lui-même à
son supérieur, à la suite d'une communion, était dans sa
pensée la cédule d'éternelle consécration. Qui oserait dire
que ce n'était pas là une voix du ciel, que cet engagement
a pu être révoqué innocemment ? N'est-il pas des prêtres
faits pour la vie intérieure et cachée, tranchons le mot, pour
la vie religieuse, qui se sanctifieront dans leur élément et
se perdront dans le monde ? Je ne dis point que la vie de

Verger était annexée providentiellement à telle maison, à telle œuvre; mais j'ai grand lieu de croire qu'elle n'était point marquée pour le ministère extérieur, pour la direction d'une paroisse.

Pénétré de cette conviction, en offrant Verger au séminaire de Meaux, je la manifestai au supérieur, M. l'abbé Renard, dont j'avais pu apprécier comme condisciple les éminentes vertus, je pourrais dire la haute sainteté. Il voulut bien me répondre que cette vocation spéciale de Verger ne trouverait point d'entraves de la part du diocèse de Meaux.

J'oserais croire toutefois qu'il fut captivé par la piété fervente, les qualités très-réelles et les apparences plus brillantes encore, de son nouvel élève. Les directeurs du séminaire, voués naturellement à un intérêt local, désirèrent attacher au diocèse un sujet qui s'annonçait sous de si heureux auspices. Verger affirme ces influences, et peut-être ne le trouvèrent-elles pas bien rebelle. « Dans le monde, les aspirations sont pour le cloître, et, dans le cloître, les aspirations sont pour le monde, » disait un académicien.

Au commencement de la 3e année, il m'annonça inopinément qu'il venait de contracter une sorte de lien avec le diocèse où il résidait. Par un choix qui l'honore et réservé aux sujets d'élite, il venait d'être nommé professeur :

Monsieur le supérieur,

Comme vous le voyez, les nouvelles ne se font point attendre. La rentrée a été pour moi toute exceptionnelle. J'avais à peine salué M. le supérieur du grand séminaire, qu'il me dit qu'il me fallait immédiatement *repartir*. Comme je me laisse moins émouvoir que par le passé, j'ajoutai : Comme il plaira à M. le supérieur. Oui, ajouta-t-il, il vous faut partir et bien vite... au petit séminaire. Effectivement, Monseigneur et MM. les supérieurs du grand et du petit séminaires, après en avoir concerté ensemble, m'ont désigné pour faire la classe de septième. Je suis entré en fonctions le lendemain de mon arrivée, et en voilà pour jusqu'aux vacances. Grâces à Dieu, je ne suis pas fâché de cette aventure, qui n'interrompra en rien ma théologie, ni les ordinations. De plus, la monotonie du grand séminaire disparaît, et, outre les avantages dont jouissent MM. les professeurs du petit séminaire, je jouis de ceux des élèves du grand... *Vous m'avez donné* 50 *fr.*, je vous les renverrai, ou, si vous le permettiez, je les passerais à M. ***. Toujours est-il que je désire connaître votre intention à cet égard.

Recevez, Monsieur le supérieur, l'assurance de mon respect et de ma reconnaissance.

L. VERGER.

Meaux, 10 octobre 1848.

MM. les directeurs ne se faisaient-ils pas un peu d'illusion sur leur enfant gâté ? Sa faible intelligence avait été considérablement frappée, et son sens moral égaré, par les études païennes ; et voilà qu'il retombe fatalement dans les classiques, après deux ans seulement d'études scolastiques, les seules où il ait *pu* recueillir quelque science chrétienne.

C'était pendant cette année de professorat, absorbé par le soin d'une classe, qu'il devait recevoir les ordres sacrés qui réclameraient une préparation si longue, un recueillement si profond ; et, par une coïncidence peut-être satanique, cette même année fut encore jetée au vent des préoccupations les plus dévorantes pour une tête inflammable.

La tentation du désert fut renouvelée à la lettre pour L. Verger : il lui fut montré des châteaux, des terres, un héritage terrestre.

Meaux, 10 novembre 1848.

Monsieur le supérieur,

Les affaires de famille, dont je vous ai parlé ces vacances, deviennent de plus en plus sérieuses ; d'après les dernières nouvelles que j'ai reçues, je crois que ma présence serait nécessaire à Mayenne, etc., etc., etc.

Je retrouve une autre lettre, postérieure de près de deux mois, qui atteste que les mêmes chimères étaient toujours en possession du jeune ordinand :

Monsieur le supérieur,

Je viens de recevoir des nouvelles de Mayenne qui m'annoncent que cette fameuse affaire en question doit se terminer le 4 février prochain ; deux pièces sont encore nécessaires à ma famille pour faire valoir ses droits et l'on s'occupe à peine de les chercher.

Vous m'avez conseillé d'écrire à un avocat pour lui confier cette affaire, je ne l'ose pas, parce que je ne suis pas capable de lui donner ce qu'il me demanderait dans le cas où il ne réussirait pas à faire valoir mes titres.

Que faire? Je n'en sais rien. — J'ai envie d'en parler à M. Renard; mais voyez combien il serait fâcheux de contracter quelque obligation à son égard, après le projet que j'ai formé d'aller prochainement auprès de vous.

Vous voyez, le temps presse, il reste au plus seize ou dix-huit jours.

Je suis toujours avec le plus profond respect,

L'un de vos enfants,   L. VERGER.

Meaux, 14 janvier 1849.

Et deux autres mois après, cette fièvre, loin d'être tombée, s'était nourrie, pour ainsi dire, et exaltée de six semaines d'absence, de démarches, d'émotions, d'incroyable activité. Il m'écrivait, le 4 mars 1849, vingt jours avant l'ordination si décisive du sous-diaconat :

Monsieur le supérieur,

Je viens de rentrer à Meaux après six semaines d'absence. J'étais à Mayenne pour mon affaire. Si j'avais eu quinze jours de plus, j'aurais trouvé toutes les pièces concernant ma famille. Mais, grâce à Dieu! je crois en avoir une qui me met directement parent avec M. Lenicolais, testataire décédé. Je crois qu'il me faudra retourner à Mayenne dans le courant de mes vacances.

En attendant, je me recommande à vos prières et à celles de tout votre petit troupeau à l'approche de mon ordination (de laquelle je ferai probablement parti, le samedi de la Passion).

Recevez, Monsieur le supérieur, l'assurance de mon profond respect,

L. VERGER.

4 mars 1849.

L'ordination eut lieu le 24 mars; et trois jours après, il me donnait ces détails, sur cette malencontreuse affaire, qui m'avait beaucoup inquiété, et que je lui avais conseillé (ses lettres l'attestent) de laisser aux soins d'un tiers. On va voir combien il dut être *enlevé* à lui-même, et l'on pourra sonder une fois de plus *les profondeurs de Satan, profunditates Satanæ !*

Monsieur le supérieur,

Il me reste à rendre grâces au bon Dieu; je suis sous-diacre; j'espère n'avoir jamais lieu de m'en repentir...

Je partis pour Mayenne dans le but de savoir au juste ce qu'il en était pour l'affaire en question..... J'allai feuilleter des registres depuis neuf heures du matin jusqu'à quatre heures du soir.

J'en ai tiré peut-être bien 4 à 500 pièces concernant ma famille. J'étais toujours inquiet et incertain, parce que je n'en voyais aucune qui me mît directement parent avec M. Lenicolais, lorsqu'enfin, deux heures avant de quitter Mayenne, le commis greffier s'avise de mettre à ma disposition une feuille où se trouvaient inscrites une multitude de pièces concernant la famille Lenicolais. En moins d'une heure j'ai tout copié. Je donne au greffier en chef ce que je lui dois et cours vite à Laval causer avec les domestiques de M. Lenicolais; ils ne me donnent (peut-être à dessein) aucuns renseignements satisfaisants. Je reprends la voiture de Paris. Je descends chez mon oncle à Néauphle; je lui lis les pièces que j'ai levées en dernier, et nous en trouvons une qui nous met directement parents avec M. Lenicolais, dernièrement décédé. Jugez de notre joie! Arrivé à Meaux, je me hâte de récrire de côté et d'autre pour que l'on s'empresse de faire chercher les pièces qui doivent justifier celle que j'ai trouvée. Jusqu'à présent je n'en ai reçu qu'une, qui est très-favorable; j'en attends d'autres de jour en jour.

Comme vous le voyez, j'ai plus d'espoir que jamais. Comme je n'ai personne qui soit à même de feuilleter les registres comme je l'ai fait, il est probable que je serai obligé de retourner à Mayenne pendant les vacances.

Cet héritage fait le sujet des conversations ordinaires dans le département. Il y a une foule de personnes qui se disent héritiers, mais je crois qu'il y en a beaucoup qui ne pourront pas produire de titres.

L'héritage se compose de deux hauts-fourneaux valant plus de 1,500,000 fr. chacun; d'un château très-considérable à Bourgon, près de Mayenne; de 45 des plus belles métairies du département; de 14 lieues de forêts; de plusieurs étangs très-étendus; de maisons situées à Mayenne et à Laval; enfin de rentes sur l'Etat et d'argent placé en Angleterre.

Le tout est évalué à dix millions. Le testateur a fait son testament en 1845, à Mayenne. (Il est mort l'année dernière, au mois de mars). « Je veux, dit-il, que 300 pauvres assistent à mon enterrement, et qu'on leur donne à chacun 3 fr. Je veux que l'on verse 6,000 fr. à chacun des hôpitaux Saint-Louis et Saint-Joseph de Laval. Je veux que ma fortune soit partagée entre mes cousins et petits-cousins; je veux qu'ils me regardent tous comme si j'étais leur oncle, et que les plus près ne puissent en écarter les plus éloignés. Ensuite il donne à son premier domestique tout son mobilier et 800 fr. de rente sa vie durant, ou 8,000 francs une fois versés. »

Il faudra, je crois, bientôt penser à obtenir de Monseigneur la permission de me laisser revenir près de vous; car je désire beaucoup y demeurer. Tout est entre vos mains. J'ai toujours une crainte, que M. Renard s'y oppose. Je crois qu'il ne faut rien faire ni rien dire qu'après que je serai diacre.

Recevez, Monsieur le supérieur, l'assurance de mon profond respect.

L. VERGER, S.-D.

Le temps manque pour publier la suite. Une longue série de peines, causées par les dettes, ont achevé d'épuiser la raison jusqu'au phénomène de l'allucination de la conscience.

Il écrivait derrière un souvenir de première communion :

« Ne tue pas même un moucheron.

« Il est comme toi créature du bon Dieu. »

16 janvier, midi.

F. VERVORST.

Paris. — Imp. de Pommeret et Moreau, 17, quai des Augustins.

9 782012 476196